Arno Pagel

Gerhard Tersteegen

BRUNNEN VERLAG GIESSEN/BASEL

ABCteam-Bücher erscheinen in folgenden Verlagen:
Aussaat- und Schriftenmissions-Verlag Neukirchen-Vluyn
R. Brockhaus Verlag Wuppertal
Brunnen Verlag Gießen
Bundes Verlag Witten
Christliches Verlagshaus Stuttgart
Oncken Verlag Wuppertal

Jubiläumsausgabe
Ein Band aus der Reihe „ZEUGEN DES GEGENWÄRTIGEN GOTTES", einer Biographiensammlung, deren erste Bände 1936 erschienen.

CIP-Kurztitelaufnahme der Deutschen Bibliothek

Pagel, Arno:
Gerhard Tersteegen: [„Mein Vaterland heisst Ewigkeit"] /
Arno Pagel. –
5. Aufl. – Giessen; Basel: Brunnen-Verlag, 1986.
(ABC-Team; 3803: Taschenbücher)
Bis 4. Aufl. als: ABC-Team; 110: Berichte, Erzählungen, Lebensbilder
Bis 4. Aufl. u.d.T.: Pagel, Arno: Mein Vaterland heisst Ewigkeit
ISBN 3-7655-3803-5
NE: GT

5. Auflage

Umschlagfoto: Brunnen-Archiv
Umschlaggestaltung: Martin Künkler
Satz: Typostudio Rücker & Schmidt Niederkleen
Herstellung: Ebner Ulm

Inhalt

Vorwort	3
Anfänge des natürlichen und des geistlichen Lebens	4
Eine zweite Bekehrung?	7
In die Weite	14
Tersteegen und sein Freundeskreis	18
Wieder Erweckung in Mülheim	27
Letzte Jahre und Heimgang	31
Tersteegen als Schriftsteller	36
Der Liederdichter	41
Christus für uns und Christus in uns	57
Nur Gott und sein Wohlgefallen	64
Aus dem „Blumengärtlein“	73
Aus: „Der Frommen Lotterie“	76
Aus Tersteegens Briefen	78
Aus der Erweckungsrede „Die Kraft der Liebe Christi“	83
Benutzte Literatur	87

Mein Vaterland heißt Ewigkeit

Unter den vielen kurzen Versen der volkstümlichsten Schrift Gerhard Tersteegens, des »Geistlichen Blumengärtleins inniger Seelen«, befindet sich auch dieser (im Auszug wiedergegebene):

> *»Mein Geist gehört in Gott zu Haus . . . ,*
> *sein Vaterland heißt Ewigkeit.«*

»Mein Vaterland heißt Ewigkeit« – dieses Bekenntnis hat Tersteegen mit seinem ganzen Leben und Wirken abgelegt. Er hat die ihm von Gott in dieser Zeit und Welt gestellten Aufgaben nicht übersehen und vernachlässigt. Aber sein Geist schwang sich darüber hinaus:

> *»Welt, du bist uns zu klein,*
> *wir geh'n durch Jesu Leiten*
> *hin in die Ewigkeiten.*
> *Es soll nur Jesus sein!«*

Die Ewigkeit, die unvergängliche göttliche Welt, war Tersteegens nahe, frohe Gewißheit. Aus ihren Kräften lebte er, auf sie ging er in unbeirrbarer Hoffnung zu. Wir sollten uns ihm anschließen. Er will uns nicht von unserm irdischen Beruf und Auftrag abtrünnig machen, aber er will uns zu unserer wahren, eigentlichen, bleibenden Heimat weisen. Tersteegen, der Mann der Stille und des Gebetes, hat eine wichtige Botschaft für uns Leute einer lauten, unruhigen, sich an das Flüchtige und Vergängliche verlierenden Zeit.

Er kommt in diesem Buch oft selber zu Wort. Die Auszüge aus seinen Schriften sind in der Rechtschreibung dem heutigen Gebrauch angeglichen. Gelegentlich sind unbedeutende sprachliche Glättungen erfolgt.

Arno Pagel

Anfänge des natürlichen und des geistlichen Lebens

Das Flachland am Niederrhein ist Tersteegens irdische Heimat gewesen. In *Moers* wurde er am 25. November 1697 geboren. Stadt und Grafschaft Moers waren damals noch in holländischem Besitz, kamen aber wenige Jahre später zu Preußen. Gerhard hat seinen Vater Heinrich Tersteegen bewußt kaum kennengelernt. Er war erst sechs Jahre alt bei dessen frühem Tod. Aus nachgelassenen Papieren konnte der Sohn später ersehen, daß der Vater ein frommer Mann gewesen war und regen Briefwechsel mit auswärtigen Gläubigen gepflogen hatte. Die Mutter, eine geborene Maria Cornelia Triboler, lebte bis zum Jahre 1721. Von einem besonderen Einfluß auf die Entwicklung Gerhards wissen wir nichts.

Von acht Kindern war Gerhard das jüngste. Obwohl er von früher Jugend an schwächlich und viel kränklich war, hat er alle seine Geschwister – bis auf eine Schwester – überlebt. Innerlich stand ihm nur sein Bruder Johannes, der 1735 heimging, nahe. Die anderen hielten ihn für einen überspannten, weltfremden Frömmler. Nach dem Tode der Mutter fanden sie es nicht einmal für nötig, ihn zur Teilung des Erbes einzuladen. Tersteegen hat sich aber der Kinder seiner verstorbenen Geschwister nach Kräften angenommen.

Gerhard hat die Lateinschule seiner Vaterstadt mit Erfolg durchlaufen. Er lernte leicht und mit Eifer. Er eignete sich beachtliche Kenntnisse in den alten Sprachen Griechisch, Latein und Hebräisch an. Von den neueren Sprachen wurde Französisch gelehrt, das ihm auch recht vertraut wurde. Der Grund zu einer umfassenden Bildung, die ihn sein Leben lang auszeichnete, wurde in dieser Schulzeit gelegt. Bis zu welchen Fertigkeiten es Tersteegen damals brachte, ist in der von seinen nächsten Freunden gleich nach seinem Tode herausgegebenen ältesten Lebensbeschreibung zu lesen: „Bei einer öffentlichen Solennität (Feierlichkeit) hielt er eine lateinische Rede in Versen mit allgemeinem Beifall aller Gegenwärtigen, so daß eine vornehme Magistratsperson daher Anlaß nahm, seiner Mutter zu raten, daß sie diesen ihren Sohn dem Studieren widmen möchte."

O ja, Gerhard hätte gern studiert. Die Begabung dazu hatte er, doch die Verhältnisse der Mutter erlaubten es nicht. So ist er denn kein studierter Theologe geworden, aber doch einer, der sich durch Gottes Gnade später einen „genuinae theologiae studiosus", einen „Beflissenen der wahren Theologie", nennen konnte. Der Fünfzehnjährige kam in die Kaufmannslehre nach Mülheim an der Ruhr. Sein Schwager Matthias Brinck nahm ihn in „Condition", wie das schwerfällige Fremdwort für Lehre damals hieß. Der gute Mann mag in seiner Art durchaus das Beste mit dem Jungen vorgehabt haben. Über sein Geschäft hinaus kannte er keine besonderen geistigen Bedürfnisse. Weil sich diese aber — bald um erwachendes geistliches Interesse vermehrt — bei seinem jungen Schwager verdächtig zeigten, hielt Brinck Gerhard ziemlich streng. Wenn es im Geschäft einmal ruhig zuging, sah man den Lehrling Tersteegen auf Anordnung seines Lehrherrn leere Fässer über den Hof rollen. Damit er seinen abwegigen geistigen Neigungen nicht zu viel nachgehen konnte!

Mülheim an der Ruhr ist Tersteegens Wohnort geworden und bis an sein Lebensende geblieben. Es herrschte damals dort wie weithin am Niederrhein und im Bergischen Land mannigfaltiges geistliches Leben. Das ging im wesentlichen zurück auf die gesegnete Wirksamkeit des reformierten Predigers Theodor *Untereyk* (1635–1693), der von 1660 bis 1668 in Mülheim amtiert und eine Art Gemeinschaftsstunde — Übungen genannt — eingerichtet hatte. Der öffentliche Gottesdienst blieb zwar das wichtigste Stück des Gemeindelebens, aber die Übungen waren für ihn, der den reformatorischen Grundsatz vom Priestertum aller Gläubigen ernst nahm, ein willkommenes Mittel, die Gemeindeglieder zu vertiefter Erkenntnis des Wortes Gottes zu führen und sie zum Wandel in der Heiligung anzureizen.

In den Tagen, als Gerhard Tersteegen nach Mülheim kam, waren die Segensspuren Untereyks in der reformierten Gemeinde noch nicht erloschen. Zwar war die starre Orthodoxie (Rechtgläubigkeit) im Vormarsch, aber es trachteten noch viele nach der wahren Gottseligkeit und einem Leben in der Zucht Gottes. Grobe Sünden waren selten. Man konnte Handwerker in der Werkstatt und Bauern hinter dem Pfluge fromme Lieder singen hören. Sogar erbauliche Bücher hatten manche während der Arbeit neben sich liegen, in die sie immer wieder einen Blick warfen, um sich für die kirchlichen katechetischen Übungen vorzubereiten. Auch Kinder beim Viehhüten fand man so beschäftigt. Wie erquickte solcher Anblick den Pastor Melchior, der von 1708 bis 1717 in Mülheim tätig gewesen und dann nach Hanau verzogen war, wenn er später wieder einmal die alte Gemeinde besuchte!

Nun gab es aber in Mülheim auch eine Gruppe von Gläubigen, die sich von der Kirche ziemlich zurückhielt. Sie war beeinflußt von dem stark mystisch und asketisch gerichteten Pietisten *Hochmann von Hohenau*, einem schlesischen Edelmann, der auf seinen weiten und unsteten Wanderfahrten in den Jahren 1705 bis 1710 auch einige Male das niederrheinisch-bergische Land aufgesucht hatte. Er war Separatist, lehnte die organisierte Kirche ab und suchte überall die stille Gemeinschaft der Geistgesinnten. Unter seiner Einwirkung lebten in Mülheim die Übungen an den Donnerstagabenden wieder auf. Die reformierten Pastoren hatten dagegen zunächst nichts einzuwenden, wurden aber mißtrauisch, als die Leitung dieser Zusammenkünfte in die Hände des von Hochmann erweckten Kandidaten der Theologie *Wilhelm Hoffmann* überging.

Dieser Kandidat Hoffmann ist nie zum Predigtamt ordiniert worden. Er war nicht dazu zu bewegen, sich auf den Heidelberger Katechismus zu verpflichten und die Kirchenordnung anzuerkennen. Alle Verwarnungen, die er von seiten kirchlicher Synoden einstecken mußte, fruchteten nichts, er führte seine Übungen weiter durch. Grundton der von ihm vertretenen und gelebten Frömmigkeit ist die „Leidsamkeit", die Gelassenheit des wahren Christen, wie sie in Johann Christian Richters Vers ausgedrückt ist:

Leiden ist jetzt mein Geschäfte,
anders kann ich jetzt nichts tun
als nur in dem Leiden ruhn.
Leiden müssen meine Kräfte,
Leiden ist jetzt mein Gewinst,
das ist jetzt des Vaters Wille,
den verehr' ich sanft und stille,
Leiden ist mein Gottesdienst.

In dem um den Kandidaten Hoffmann sich scharenden Kreis hat der junge Gerhard Tersteegen seine geistliche Heimat gefunden. Ein frommer Kaufmann dieser Richtung hat ihn zunächst beeinflußt. Manche Nachtstunde hat der den Frieden Gottes suchende Junge mit Beten und Bibellesen zugebracht. Das Dankgebet eines sterbenden gottseligen Predigers, das er las, beeindruckte ihn tief. Am nachhaltigsten aber war ein

Erlebnis im Walde bei Duisburg, das die schon erwähnte alte Lebensbeschreibung folgendermaßen schildert:

„Er war einmal nach Duisburg gesandt. Im Duisburger Walde überfielen ihn so heftige Kolikschmerzen, daß er nichts als den Tod vermutete. Er ging ein wenig aus dem Wege und bat Gott herzlich um Befreiung von diesen Schmerzen und Fristung seines Lebens, damit er Zeit haben möchte, sich auf die Ewigkeit gehörig vorzubereiten. Hierauf verschwanden die Schmerzen auf einmal, und er ward aufs kräftigste bewogen, sich dem so guten und gnädigen Gott ganz zu übergeben ohne den mindesten Vorbehalt."

Dieses Erlebnis fällt etwa in das Jahr 1717; denn im September 1744 schreibt Tersteegen: *„Vor etwa siebenundzwanzig Jahren hat mich der freundliche Gott aus der Welt berufen und mir einen Sinn geschenkt, ihm völlig anzugehören und folgen zu wollen. Seine Gnade wird diesen Sinn in uns unverrückt erhalten bis ans Ende."* * In seinem wichtigen Buch „Die Frömmigkeit Gerhard Tersteegens in ihrem Verhältnis zur französisch-quietistischen Mystik" meint allerdings Friedrich Winter, daß jenes Erlebnis der Frühzeit noch nicht die Fülle evangelischer Heilsbotschaft umspannt habe. Es falle in die Zeit, in der Tersteegen von der „leidentlichen" Mystik des Hoffmannschen Kreises ganz beeinflußt gewesen sei. Die Erfahrung von Sünde und Gnade in ihrer Tiefe sei ihm erst später geschenkt worden. Ja, Winter spricht direkt von einer „zweiten Bekehrung" Tersteegens. Wie steht es damit?

Eine zweite Bekehrung?

Es war ein sehr zurückgezogenes Leben, das Tersteegen in den ersten Jahren in Mülheim führte. Vom Kaufmannsstand zog er sich 1719 ganz zurück, nachdem er nach Beendigung der Lehre zwei Jahre es mit einem eigenen Geschäft versucht hatte. Der Hauptgrund für dessen Aufgabe war die Furcht, er könne sich zu sehr in irdische Geschäftigkeit verlieren, und das Leben mit Gott könne Schaden leiden. Das weltabgeschiedene Leben der Mystiker, für das Hoffmann eine große Vorliebe hatte,

---

* Aussprüche Tersteegens und Auszüge aus seinen Schriften sind in Schrägschrift wiedergegeben.

erschien auch ihm erstrebenswert. 1727 hat Tersteegen als eine Frucht seiner Beschäftigung mit der Mystik die Schriften des Franzosen *de Bernières-Louvigny* herausgegeben. Was dort im Vorwort über das christliche Leben zu lesen ist, deckt sich ohne Zweifel mit seinem eigenen Ideal, wie es ihm in jener ersten Zeit vorschwebte:

„Es haben sich zu aller Zeit einige auserlesene, teure Seelen gefunden, welche, indem sie in dem lauen und verderbten Leben der mehresten keine Ruhe für ihre Seele und Gewissen gefunden, sich auf eine besondere Weise dem Dienst Gottes widmeten und vor andern ihr ganzes Werk und Profession davon machten, in diesem abgeschiedenen, göttlichen, verborgenen Leben aufs ernstlichste sich zu üben, mit Hintenansetzung alles dessen, was sie in ihrem ernsten Laufe möchte hemmen oder träge machen können. Sie sorgten . . ., daß sie alles unnötigen Umgangs mit Menschen und überflüssiger Geschäfte sich enthielten und manchmal nach göttlichem Rufe alles verkauften, was sie hatten, und den Armen austeilten und demnach etwa in einem Häuschen oder auf einer Kammer in der Stille lebten, was weniges mit ihren Händen schafften und im übrigen alle ihre Zeit anwendeten, in gründlicher Verleugnung allem abzusterben und ein verborgenes Leben in Gott zu führen, durch beständiges Gebet und Umgang mit ihm."

Diesen alten Einsiedlern wollte es Tersteegen nachtun. Die alte Lebensbeschreibung berichtet: „Um diese Zeit ward ihm die gänzliche Nichtigkeit aller irdischen, vergänglichen Dinge und das große Gewicht der ewigen und himmlischen sehr klar entdecket; er bemerkte zugleich, daß die Kaufmannschaft und der beständige Umgang mit Menschen ihm viele Zerstreuungen verursachte und ihn an dem Wachstum in der Gnade hinderte. Deswegen erwählte er . . . ein stilleres Gewerbe. Die Bekanntschaft, in welche er damals mit einem frommen Leinenweber geriet, brachte ihn zu dem Entschluß, dessen Profession zu lernen. Allein seine schwache Leibesbeschaffenheit und öftere Haupt- und Klikschmerzen nötigten ihn, davon abzustehen. Er erwählte das Bandmachen und hielt niemanden um sich als das Mädchen, das ihm die Seide wickelte."

Abends im Dunkeln sah man Tersteegen seine Wohnung verlassen. Dann ging er zu Armen und Kranken. Wohltun mit geistlichen und leiblichen Gaben – das ist ein Leben lang seine Freude gewesen. Er hatte selber nur einen kärglichen Verdienst.

Aber von dem gab er so viel weg, daß für ihn oft bitterste Armut übrigblieb. Doch war er der Meinung: *„Halten drückt, Loslassen erquickt. Ich hoffe nicht, daß ich etwas zu lieb haben würde, daß ich's nicht von Herzen einem Bruder hingäbe. Wäre es anders bei mir, dann wäre es nicht recht."*

Der von Jugend auf so kränkliche Tersteegen hatte ein feines Verständnis gerade für die Kranken. Wenn er selber aber krank lag, dann konnte es vorkommen, daß sich lange Zeit niemand um ihn kümmerte. In einem Brief aus dem Jahre 1766 erzählt er rückschauend: *„Es läßt sich gut von der Armut reden, solange man mit reichen und geneigten Freunden umgeben ist. Schreiber dieses hat im Anfang Zeiten erlebt, da er bis zum nächsten Tag kaum Brot wußte und ohne Freunde war, die von seinen Umständen Nachricht hatten. Von morgens fünf Uhr bis neun Uhr abends wirkte er, lag wohl auch zehn bis zwölf Wochen krank zu Bett oder auf dem Boden, ohne daß auch Freunde, bei denen er im Hause war und Kostgeld zahlte, nur eine ihrer müßigen Mägde hinaufgeschickt hätten, mir einen Trunk Wasser zu reichen. Ich aber dachte immer, es müßte so sein."*

Und eine andere Erinnerung: *„Ich lag einst krank zu Bett an einem hitzigen Fieber und meinte, vor Durst und Hitze zu verbrennen. Ich bat die Magd meines Bruders, bei welchem ich krank lag, mir für einen halben Stüber dünnes Bier zu holen. Die Magd war aber unachtsam, und indem ihr ihre Frau etwas anderes befahl, vergaß sie meiner. Ich lag oben im Hause allein, und niemand dachte mehr an mich. Ich mußte also von Morgen bis weit in den Nachmittag so im heißen Durst liegen, ohne einen Tropfen zu meiner Erquickung zu haben. Endlich hörte ich das Mädchen auf der Treppe kommen. Da bat ich Gott, daß er mich doch in der Sanftmut erhalten möchte."*

Trotz solchen enttäuschenden Erfahrungen mit Menschen und trotz seinem manchmal wirklich bedrückenden äußeren Mangel aber hat Tersteegen von diesen Jahren geurteilt, er habe in ihnen vielerlei Proben der göttlichen Erbarmung und Durchhilfe erfahren, er sei sehr vergnügt und zufrieden gewesen, und darin habe ihn kein König übertroffen.

Mehr als äußere Leiden setzten Tersteegen innere Dunkelheiten und Anfechtungen zu. Er machte die Erfahrung, die immer wieder denen nicht erspart bleibt, die ihr Leben bewußt Gott übergeben haben, daß nämlich mit solcher Hinkehr das

Herz nicht auf einmal rein und frei ist von Selbstliebe und Eigenwillen und allerlei bösen Trieben und Neigungen. Vorsätze und Willensanstrengungen versagen da immer wieder. Aus viel gesetzlichem Ringen mußte Tersteegen in tieferes Vertrauen auf die Kraft der Gnade hineinwachsen.

Nicht gut bekommen ist dem jungen Tersteegen der gelegentliche Umgang mit „Inspirierten". Das waren Leute, die sich besonderer Offenbarungen und Verzückungen rühmten. In der Stille des Gebetskämmerleins geschah es, daß Tersteegens Glieder in zitternde Bewegungen gerieten. Darauf war er nun gar nicht stolz als auf ein Zeichen besonderer Begnadung, als das es die Inspirierten ansahen. Gottes Wesen hatte er als Stille und Sanftmut erkannt; wie vertrugen sich damit solche unruhigen Erscheinungen? Er stand vom Gebet auf und ging wieder an seine Arbeit. Bald verloren sich dann diese Zustände.

In den Kreisen der Erweckten und der mystisch Gesinnten war damals die Lektüre der tiefsinnigen Schriften des Schusterphilosophen *Jakob Böhme* aus Görlitz sehr beliebt. Auch Tersteegen ist über diese Bücher geraten. Er verstand nicht viel von der oft dunklen und geheimnisvollen Bildersprache des schlesischen Gottesgrüblers, aber es quälten ihn nach solcher Lektüre Unruhe und Zweifel. Erst als er die Bücher an den Entleiher zurückgegeben hatte, wurde er wieder ruhiger. Zeitlebens hat sich Tersteegen aus Jakob Böhme nicht viel gemacht, wenn er ihn auch später positiver beurteilte.

Und dann war da noch etwas, was Tersteegen verwirrte: er geriet ins Grübeln über die vielen Parteiungen und Spaltungen in der Christenheit. Ja, es stieg in ihm die Frage auf, ob es denn überhaupt einen Gott geben könne, wenn seine Wahrheit so verschieden verstanden, gedeutet und verbreitet würde.

Aus jenen Jahren der „Verdunkelung" besitzen wir zwei längere Briefe Tersteegens. Er hat sie im Jahre 1721 an seinen Freund Weber in Haan im Rheinland geschrieben. Sie sind köstlich als Proben der innigen, zarten und mittragenden Liebe, in der Tersteegen von Anfang an mit seinen Mitpilgern auf dem Weg zur Ewigkeit verbunden gewesen ist. In unserm Zusammenhang aber sind sie uns vor allem als Zeugnis der Jahre bedeutsam, in denen Tersteegen durch viel inneres Dunkel ging. Von den Kämpfen klingt manches in den Briefen an:

„Du schreibest an Bruder H., daß Du nicht wüßtest, wo ich sei. Nun aber wirst Du hieraus leicht sehen können, daß ich durch die Bewahrung Gottes bis hierzu noch auf der Reise nach der stillen Ewigkeit bin, wohin ich noch in dieser Zeit hoffe zu gelangen. Gleichwie man aber auf dem großen Weltmeer, wenn bei ungestümem Wetter weder Sonne noch Gestirn erscheint, nicht wissen kann, wo man ist, ebenso kann ich es Dir auch so eigentlich nicht sagen. Ich wollte es wohl oft selbst so gerne wissen. Ich hoffe aber, mein Jesus wird am Steuer sitzen und sein Geist werde mein Schifflein treiben. Weil ich nun dem Wind nicht kann noch will entgegen rudern, so geb' ich demselben, mit Paulo und seinen Gefährten, Apg. 27, 15, mein Schifflein dar. Wenn ich nur zusehe, daß ich auf keiner Sandbank der Eigenheit sitzen bleibe, dann mag es gehen, wie es will. Leide ich dann auch schon Schiffbruch, so wird es nur in dem Meer der Gottheit sein, dessen Abgrund mir so gut ist als der beste Hafen.

Aber, lieber Bruder, wie schwerlich will die Natur hier an, es so bloß ohne einige Gewißheit zu wagen und einen so heldenmütigen Ausgang aus uns selbst zu tun! Wären wir aber weise und verlören uns selber fein bald und gründlich mit zugeschlossenen Augen, wir hätten dabei gar keine Gefahr, und es würde uns gar nichts Übles widerfahren, sondern wir würden uns nach der teuren Zusage unsers Jesu in Gott desto reichlicher wiederfinden. Wer es nur glauben könnte und ausüben möchte!

Dennoch, lieber Bruder, lasset uns im Glauben auf die Verheißung Gottes trauen und warten! Er kann es uns gar leichtlich in einem Augenblick schenken und unvermutet finden lassen, wonach wir oft manches Jahr gesuchet haben."

Im zweiten Brief läßt Tersteegen den Freund hineinsehen in die Not seines Gewissens. Es ist aufgewacht für Gott, und nun leidet es darunter, daß der Glaube, der die Gnade und das Verdienst Christi ergreift, noch so schwach ist, und daß der göttliche Wille auf so viel Gedrücktheit und Trägheit des Tuns stößt. Es klingt durch den Brief etwas von jenem Zwiespalt zwischen Geist und Fleisch, Wollen und Vollbringen, aus dem heraus Paulus einst gerufen hat: Ich elender Mensch, wer wird mich erlösen von dem Leibe dieses Todes?

Aber Tersteegen hat Hoffnung und ahnt einen göttlichen Sinn in dem Geschehen: *„Nun dünkt mich, geliebter Bruder,* *daß der treue Herzog zur Seligkeit eine Seele darum in solche Enge bringt, damit wir recht an unserer eigenen, so gar gebrechlichen Gerechtigkeit mögen verzagen und den Mut recht verloren geben, um durch unser eigenes Können und Wirken jemals aus unsern Sünden und aus unserm Elend zu gelangen, und also kein Fleisch sich vor dem Angesicht Gottes rühme, sondern alle Ehre ihm allein bleibe und wir, nachdem wir vorher alle unsere Kräfte genugsam angespannt und uns müde und gleichsam ausgewirkt haben, als Mühselige und Beladene zu Jesus kommen."*

Endlich durfte Tersteegen die ersehnte Ruhe finden für seine Seele. Es war im Jahre 1724, als er sich auf der Reise in eine benachbarte Stadt befand. Unterwegs kam auf einmal ein ganz fröhliches, festes und kindliches Vertrauen in sein Herz, daß er durch Jesus Christus ein mit dem Vater versöhntes Gotteskind sein dürfe. Das ist es, was der Tersteegenforscher Friedrich Winter die „zweite Bekehrung" nennt. Ob man das Erlebnis so nennen soll, sei dahingestellt. Das aber ist sicher, daß das Jahr 1724 eine entscheidende Wende im Leben Tersteegens darstellt. Im Umkreis der Mystik, in dem er sich in Mülheim bewegte, droht immer die Gefahr, daß die so heiß ersehnte Begegnung und Gemeinschaft mit Gott im Seelengrunde des frommen Menschen gesucht wird. Daß nur auf dem Grunde der Versöhnung in Christus eine echte und wirksame Gottesgemeinschaft hergestellt werden kann, das bleibt der Mystik sehr oft in der Tiefe verborgen. Für Tersteegen aber war es seit dem Jahre 1724 überzeugend deutlich und tröstlich gewiß: in Christus und um Christi willen ist Gott mir gut.

Über die Jahre der Verdunkelung und die sie beendende neue Gotteserfahrung haben wir Tersteegens eigenes Zeugnis: *„Nachdem ich ganz abgemattet war von der Arbeit meiner Hände, meines Verstandes und anderer Anstrengungen, gab ich dieses notgedrungen auf, weil ich bemerkte, daß ich immer eben dürre und elend blieb, und ich lernte glauben an den Gott, der mir in dem süßesten Namen Jesus auf das allerinnigste nahe sei, und der aus lauter Barmherzigkeit mein Freund sei, bei mir bleiben und Gemeinschaft mit mir pflegen wollte trotz meiner Unwürdigkeit."*

1724 hat der Siebenundzwanzigjährige das Lied gedichtet: „Wie bist du mir so innig gut, mein Hoherpriester du!" Es ist das dichterische Zeugnis für die neue, befreiende Erkenntnis:

Wie bist du mir so innig gut,
mein Hoherpriester du!
Wie teu'r und kräftig ist dein Blut!
Es setzt mich stets in Ruh'!

Wenn mein Gewissen zagen will
vor meiner Sündenschuld,
so macht dein Blut mich wieder still,
setzt mich bei Gott in Huld.

Ich hab' vergessen meine Sünd',
als wär' sie nicht geschehn.
Du sprichst: Lieg still in mir, mein Kind,
du mußt auf dich nicht sehn!

Zeuch mich in dein versöhnend Herz,
mein Jesu, tief hinein,
laß es in aller Not und Schmerz
mein Schloß und Zuflucht sein!

Die letzte der insgesamt vierzehn Strophen ist lockende Einladung:

Kommt, groß und kleine Sünder doch,
die ihr mühselig seid,
dies liebe Herz steht offen noch,
das euch von Sünd' befreit!

Auf die drei Verse wollen wir auch achten, in denen Tersteegen aus der Erfahrung der Rechtfertigung den Antrieb zur Heiligung herleitet. Die rechte Zusammenordnung von Rechtfertigung und Heiligung hat er als eins der biblisch und praktisch wichtigsten Anliegen ein Leben lang durchdacht und eingeschärft. Für ihn war klar: wo Vergebung ist, da ist auch der Trieb zu einem Leben der Hingabe und Zucht geweckt. Beides schenkt Christus.

Umsonst will ich auch lieben dich,
mein Gott, mein Trost, mein Teil.
Ich will nicht denken mehr an mich,
in dir ist alles Heil.

Weg, Sünde, bleib mir unbewußt;
kommt dieses Blut ins Herz,
so stirbet alle Sündenlust,
der Sinn geht himmelwärts.

O nein, ich will und kann nicht mehr,
mein Freund, betrüben dich.
Dein Herz verbind't mich allzusehr,
ach bind mich ewiglich!

Das andere wichtige Dokument aus dem Jahre 1724 ist Tersteegens Verschreibung mit seinem eigenen Blut an den Heiland am Abend des Gründonnerstags:

„Meinem Jesu! Ich verschreibe mich Dir, meinem einzigen Heiland und Bräutigam Christo Jesu, zu deinem völligen und ewigen Eigentum. Ich entsage von Herzen allem Recht und Macht, so mir der Satan über mich selbst mit Unrecht möchte gegeben haben, von diesem Abend an, als an welchem Du, mein Blutbräutigam, mein Goel (d. h. Löser, Erlöser), durch deinen Todeskampf, Ringen und Blutschwitzen im Garten Gethsemane mich Dir zum Eigentum und Braut erkauft, die Pforten der Hölle zersprenget und das liebevolle Herz deines Vaters mir eröffnet hast. Von diesem Abend an sei Dir mein Herz und ganze Liebe auf ewig zum schuldigen Dank ergeben und aufgeopfert! Von nun an bis in Ewigkeit nicht mein, sondern dein Wille geschehe! Befehle, herrsche und regiere in mir! Ich gebe Dir Vollmacht über mich und verspreche, mit deiner Hilfe und Beistand eher dieses mein Blut bis auf den letzten Tropfen vergießen zu lassen, als mit Wissen und Willen, in- und auswendig, Dir untreu oder ungehorsam zu werden. Siehe, da hast Du mich ganz, süßer Seelenfreund, in keuscher, jungfräulicher Liebe Dir stets anzuhangen! Dein Geist weiche nicht von mir, und dein Todeskampf unterstütze mich! Ja, Amen! Dein Geist versiegele es, was in Einfalt geschrieben dein unwürdiges Eigentum
am Gründonnerstagabend anno 1724

Gerhard Tersteegen."

In die Weite

Mit dem Jahre 1724 ist Tersteegens geistliche Entwicklung eigentlich abgeschlossen. Nie mehr ist ihm in der späteren Zeit die Nähe und Treue seines Gottes und Heilandes fraglich gewesen. Wenn man Tersteegens Lieder, Bücher und Schriften aus späteren und aus früheren Jahren liest und prüft, und man weiß das Datum der Abfassung nicht, dann ist die Aufgabe der richtigen zeitlichen Einordnung kaum lösbar. Das Frühe ist genauso wesenhaft, rein und reif wie das Spätere. Überall spürt man den Mann, dem Gott die nächste, seligste Wirklichkeit ist und der in seiner Gegenwart lebt, die ihm durch Christus als die Gegenwart der ganz großen Liebe gewiß geworden ist.

Von 1725 an lockerte sich das strenge, einsame Leben, das Tersteegen bisher geführt hatte, etwas. Er nahm einen Arbeits- und Stubengenossen auf und brachte ihm das Bandwirken bei. Der Mann hieß Sommer. Vom Kandidaten Hoffmann ließ Tersteegen sich überzeugen, daß seine Enthaltsamkeit gemildert werden dürfe. Fortan trank er gelegentlich etwas Kaffee. Es war und blieb aber ein anstrengender und ausgefüllter Tageslauf, dem sich die beiden Männer unterwarfen. Von sechs bis elf Uhr morgens lagen sie ihrem Handwerk ob. Dann kam die Mittagspause bis ein Uhr, von der eine Stunde dem Gebet gehörte. Und wieder wurde gearbeitet bis sechs Uhr abends. Den Rest des Tages saß Tersteegen dann über seinen Büchern und vergrub sich in mystische Schriften.

Seit 1725 nahm Tersteegen auch in Versammlungen das Wort. Nie hätte er sich selber zu dieser Aufgabe gemeldet oder gedrängt. Es war in der ganzen Gegend an Ruhr und Wupper zu gesegneten Erweckungen gekommen, deren Träger vor allem der um Hoffmann sich scharende Kreis war. Hoffmann hatte längst die besondere Gabe Tersteegens erkannt. Er ließ ihm keine Ruhe, bis er mit am Netz zog. Neidlos trat er hinter dem viel Jüngeren zurück, auf dessen Schultern bald die Hauptlast der Arbeit in Predigt und Seelsorge lag. Die Führerrolle, die Tersteegen zufiel, hat ihn aber nie dahin gebracht, zu Hoffmann nicht mehr in der alten Liebe und Hochachtung aufzuschauen. Als 1746 der väterliche Freund in schmerzlicher Krankheit dahinsiechte und ein ganzes Blatt Papier nicht mehr ausreichte, die Wunde seines offenen Beines zuzudecken, hat Tersteegen Tag und Nacht an seinem Lager ausgehalten und ihm gedient wie ein Sohn dem Vater.

Wie herrlich es in der Erweckung jener Jahre zuging, soll uns ein alter Freund Tersteegens erzählen: „Tersteegen pflegte besonders zur Sommerzeit auf dem Lande sonntags nachmittags Versammlungen zu halten. Es ging nach beendetem Nachmittagsgottesdienst zum Ort hinaus. Die hagere Gestalt im braunen Rock mit dem blassen, aber freundlichen Antlitz und den leuchtenden Augen mochte jedermann überzeugen, dieser Mann sei ein Freund Gottes. Das Bauernhaus war gewöhnlich bei seiner Ankunft mit Menschen gefüllt, und es mußten Tür und Fenster ausgehoben werden, damit die draußen Stehenden ihn hören konnten. Wenn dann Tersteegen sich hinter den Tisch setzte, auf dem die Bibel lag, entstand eine lautlose Stille, man fühlte die Nähe Gottes und das sanfte Wehen seines Geistes. Mit wieviel Segen Tersteegen redete, bewies die Frucht. Viele Unveränderte, die ihn nur einmal hörten, wurden von der durchdringenden Kraft seiner Rede so gerührt, daß sie zu einer gründlichen und dauerhaften Bekehrung gelangten. Viele Erweckte wurden durch seine süßen Reden so eingenommen, daß sie in allerlei Versuchungen, Proben und Anfechtungen mit dem größten Zutrauen sich bei ihm Rat holten."

Es war Tersteegens besondere Gabe und wurde immer mehr seine besondere Aufgabe: Seelsorge zu üben an den mancherlei Leuten, die inneren Rat suchten, vor Fehlentwicklungen in ihrem geistlichen Leben bewahrt werden mußten, Hilfe in der Erkenntnis des göttlichen Willens und in der Bejahung der ihnen auferlegten Führungen brauchten. So kam es dahin, daß der von Hause aus so zur Stille neigende Tersteegen immer mehr unter die Leute mußte, immer mehr angelaufen wurde. Es fiel ihm nicht ganz leicht, diesen Weg zu bejahen. Aber er opferte seine Neigung der ihm von Gott übertragenen Aufgabe und suchte auch in solcher unruhigen Veränderung seines Lebens nur Gottes Wohlgefallen:

„Alles, was in mir ist, neigt sich zur Abgeschiedenheit, zur Stille. O das heißt Leben, so leben zu können! Da, deucht mich, ist mein Plätzchen, meine Speise, das Ziel meiner Berufung, um von allem ausgeleert und abgeschieden, einsam mit Gott im Geist leben zu können, alles, was von den Menschen ist, ruhen und schweigen zu lassen. Wie teuer sind mir die Augenblicklein, die mir dazu übrigbleiben! Manchmal steigen wohl die Gedanken in mir auf: ob so ein Mensch, wie ich bin, wohl recht daran tut, daß er seine Zeit so für andere verwendet? Doch ich will in allem nur Gott gefallen, anderes begehre ich nichts. Ja, ich sage noch einmal, anderes begehre ich nichts, als Gott zu gefallen, Gottes zu sein und Gott zu leben in Zeit und Ewigkeit. Und dieses will ich lieber mit aller Last, Schmerz

und Ungemach, als für mich selber zu leben und alles Vergnügen und Ruhe zu haben."

Vergessen wir nicht, daß der Mann, dessen Leben so in die Weite des Wirkens wuchs, eine sehr gebrechliche Leibeshütte hatte und ganz darauf angewiesen war, daß Gottes Kraft in seiner Schwachheit mächtig wurde! Hören wir ihn selber:

„Seit Du hier warst, bin ich zweimal wieder mit sonderlichen Schwachheiten so besucht worden, daß ich gemeint, die Hütte werde einfallen. Wie es wieder etwas besser wurde, wollte ich ein wenig in der Sonne spazierengehen, ward aber von solchen Ohnmachten überfallen, daß ich meinte zu sterben, ehe ich nach Hause kam. Es folgten Herzklopfen und Fieber. Gott aber, der barmherzig ist, hat bis daher Raum zur Heiligung gelassen und mich wieder so weit aufgerichtet, daß ich wieder andere besuchen und in Gebrechlichkeit dienen kann. Mein Haupt ist zwar sehr schwach und die Natur matt, aber ich darf daran nicht viel denken. Es sind hier verschiedene, die weit kränker sind als ich, welche glauben, daß ihnen mein Besuch nützlich oder doch erquicklich ist. Jesus wird mich, wie ich in Demut vertraue, auch nicht unbesucht und unerquickt lassen, wann mir's not sein wird, nicht als Lohn meiner Arbeit, denn so bekäme ich die Hölle, sondern weil er so gütig ist und ich so elend bin."

Neben seiner geistlich-seelsorgerlichen Tätigkeit hat Tersteegen auch Fürsorge an leiblich kranken Menschen geübt. Er wurde immer mehr dazu geführt, Arzneien herzustellen, Apotheker und Arzt in einem zu sein. Viele zogen die Behandlung durch Tersteegen jeder andern ärztlichen Betreuung vor. Die Arbeit wuchs so, daß Tersteegen mit der Zeit einen besonderen Gehilfen für die Bereitung der Arzneien anstellen mußte. Es waren einfache Naturmittel, die er darreichte. Von all den geheimen und geheimnistuerischen chemischen und alchimistischen Methoden und Rezepten, mit denen sich manche seiner Zeitgenossen beschäftigten, hielt er nichts. Aber vor den schlichten Kräutern hatte er größte Hochachtung. Seine Mittel gab er umsonst ab. Sie waren auch bei Juden sehr beliebt.

Tersteegen hat seine ärztliche Tätigkeit als Auftrag Gottes bejaht, wenn sie seinen Hang zum beschaulichen Leben natürlich auch tüchtig durchkreuzte. Doch hat er bescheiden von ihr gedacht und keineswegs die Ärzte verachtet. Er hat vielmehr Kranken öfter empfohlen, einen Arzt aufzusuchen. Er hat auch für sich ärztliche Behandlung nicht abgewiesen. Es ist übrigens beachtlich, welche Einsichten Tersteegen schon in das unlösbare Miteinander von Leiblichem und Seelischem sowohl bei der Entstehung der Krankheiten, wie bei den Versuchen, sie zu heilen, gehabt hat. In seinen Ratschlägen an Kranke gehen leibliche Hilfe und Seelsorge öfter Hand in Hand.

Konnte denn Tersteegen bei einer solch vielseitigen Beanspruchung als Leib- und Seelenarzt auch noch seinen Beruf als Bandwirker beibehalten? Bis zum Jahre 1728 hat er's in der Tat versucht. Dann ging es nicht mehr länger. Doch bestand keine Gefahr, daß er nach Aufgabe seines Berufes in wirtschaftliche Not geriet. Viele Freunde boten ihm ihre Hilfe an. Manches Angebot schlug er aus. Was er annahm, war ihm vor allem darum willkommen, weil es ihm ermöglichte, mancherlei Not zu steuern. Am liebsten hätte er die Hilfe immer selber in die Wohnungen der Armen gebracht. Aber seine andere Tätigkeit und die große eigene körperliche Schwäche machten ihm das je länger je mehr unmöglich. Doch vergessen hat er die Armen deswegen keineswegs. Als er 1746 ein ganzes Haus bezog, da genügten ihm die bescheidenen oberen Zimmer. Unten aber zog eine Familie ein, die für ihn und seine Gäste sorgte, daneben aber immer für soviel Arme und Kranke wie möglich kochen mußte.

Tersteegen und sein Freundeskreis

Die Erweckung, die um 1725 entstand, dauerte bis weit in die dreißiger Jahre hinein. Das gab laufend Arbeit für Tersteegen. 1734 schreibt er: *„Ungeachtet meiner großen Leibesschwachheit muß ich mich den ganzen Tag mit Bearbeitung der Seelen auf eine und die andere Art beschäftigen. Der Hunger, die Erregung und die Erweckung unter den Menschen hier hält durch Gottes Güte noch an, und einige der Erweckten geben die angenehme Hoffnung, daß ihre Berufung und ihr Hinneigen ziemlich tief eindringt und ernstlich fortschreitet."* Im Jahre 1740 mußten die Erbauungsversammlungen auf behördliche Anordnung eingestellt werden. Damit fiel Tersteegens Predigen in der Öffentlichkeit zunächst weg. Was aber weiterging und eher noch eine Ausdehnung erfuhr, war die seelsorgerliche Tätigkeit in einem großen Freundeskreis.

Schritt für Schritt wurde Tersteegen da von seinem Herrn in die Weite geführt. In den Gemeinschaften, die überall an Rhein und Ruhr und im Bergischen Land als Frucht der Erweckung sich zusammenfanden, wurde Tersteegen als Vater in Christo geliebt und verehrt.

In den mystischen Kreisen, deren Schriften Tersteegen so vertraut waren, gab es den „Seelenführer". Dessen Autorität ging noch weit über die Stellung des katholischen Beichtvaters hinaus. Der Seelenführer der mystischen Gläubigen und Gemeinschaften hatte das Glaubens- und Heiligungsleben der ihm Unterworfenen zu kontrollieren und durch verbindliche Weisungen zu regeln. Tersteegen wies den Titel und die Aufgabe des Seelenführers weit von sich. Wenn er etwas scheute, dann war es die Verehrung seiner Person. Wo er sehen und fürchten mußte, daß sich einer zu sehr an ihn hing, winkte er ganz energisch ab: *„Wenn ich's dürfte bitten, so wollte ich ersuchen, das Wort ‚Führer' nicht zu gebrauchen ... Man muß von einem elenden Menschen nicht solche Expressionen gebrauchen, und wenn ich etwas bei euch gelte, dann verbiete ich euch hierdurch als vor Gott, dergleichen nie wieder zu tun. Ich bin ein begnadigter armer Sünder, das ist Ehre genug."*

Nicht führen wollte Tersteegen die Menschen, nein, seinen Brüdern wollte er nach dem Vermögen Gottes in ihm die Hand zur Hilfe reichen, wie ein Kind dem andern tut. Er war davon überzeugt, daß Gott für jedes seiner Kinder seine besondere Führung hat. In die wollte er sich nicht eindrängen, sondern nur ermuntern, daß man sich ihr vertrauend unterwerfe: *„Es ist meine Weise, daß ich die Seelen sehr der freien Leitung der Gnade überlasse und sie auf nichts führe, als worauf ich merke, daß Gott sie führen will. Ich sehe Gott nur zu und erinnere, wo sie auf etwas Schädliches geraten sollten. Ich habe Umgang mit Seelen, die herzlich und innig vor Gott suchen zu wandeln, denen ich nie ein Wort gesagt von Büchern, die ich selbst habe drucken lassen, weil ich's ihnen nicht dienlich achte. Gott muß durch seine Gnade und Geist der einzige Seelenführer bleiben."*

Als Mitpilger unter vielen Wanderern zur Ewigkeit wußte sich Tersteegen. Solche Leute haben einen Dienst brüderlicher Seelsorge und Verantwortung füreinander. An dem wollte auch Tersteegen teilhaben. Er hat ihn beschrieben in einem Vers aus dem Abendlied „Kommt, Kinder, laßt uns gehen":

Sollt' wo ein Schwacher fallen,
so greif der Stärkre zu!
Man trag, man helfe allen,
man pflanze Lieb' und Ruh!
Kommt, bindet fester an;
ein jeder sei der Kleinste,
doch auch wohl gar der Reinste
auf unsrer Liebesbahn!

Alles, was in der Seelsorge an Sünde und Irrtum, an Schwachheit und Leid, an Anfechtung und Ratlosigkeit, an Suchen nach Heilsgewißheit und Wille zur Heiligung sich vor ihm ausbreitete – wie nahm es Tersteegen auf sein priesterliches Herz! Ein enger Freund hat ihn folgendermaßen gekennzeichnet: „Ein trefflicher Mann, der Mark und Blut zum Dienst Gottes und des Nächsten willig verzehrt und als ein geistlicher Priester Gebet und Fürbitte tut für alle seine Brüder im Verborgenen und Offenbaren nach Zeitumständen und Gelegenheiten. Ein Mann, der den geraden Weg auf Jesum weist, der die Schwachen stärkt, die Trostlosen ermuntert, die Irrenden unterrichtet, die Hungrigen speist, die Durstigen tränkt, die Nackten kleidet und bei all dieser Erfüllung christlicher Liebespflichten dennoch sich arm und unnütz ansieht und das Lob der Leute verachtet und Gott die Ehre gibt."

Zweierlei lag Tersteegen im Blick auf alle, denen er seine Seelsorge und sein Gebet zuwandte, besonders am Herzen, daß sie nämlich ein wirkliches Vertrauen zur Gnade Gottes in Christus faßten, und daß sie in der Heiligung ihrem Gott zur Ehre lebten. Gerade im Blick auf das letztere hat er für seine Freunde vor Gott gerungen: *„Ich weiß wohl, welch ein seltsames Gemächte ich bin. Ich bin selber voll Gebrechen und Elenden, daß mir bisweilen dünkt, ich bin das Elend selbst. Dessenungeachtet liegt mir die Vollendung solcher auserwählten Seelen so hart an, daß, wenn einige unter denen, die mich lieben, es wüßten, ich denke, sie würden, um mich zu erfreuen und zu erquicken, – wenn sie es sonst um Gottes willen nicht täten – sich im Augenblick mit geschlossenen Augen ganz und auf ewig dem Herrn ergeben ... Ich bin ein solcher, daß ich mich gar nicht darüber verwundere, wenn man kein Vertrauen zu mir hat; es wäre mir auch viel lieber, wenn in der Hinsicht alle meiner vergessen möchten. Nur habe ich* *ein ungemeines Verlangen, alle, die ich liebe, gern heilig und innig zu sehen."*

Mit all seinem Ringen um die Menschen hat sich Tersteegen aber nicht zergrämt, sondern er hat das Geheimnis der sonnigen Seelsorge gekannt: *„Soll ich einmal mit dir klagen? Ich kenne einen Menschen, der tausend Kreuzchen von andern Seelen zu tragen kriegt, der sich wohl einmal krank grämet, weil andere so fromm nicht sind, als er sie gerne hätte, oder weil andere nicht glauben und folgen dem, was er gut zu sein meint, bis daß ihm seine eigene Torheit und Elend einfällt, da er dann eins mit dem andern in den Abgrund der unendlichen Liebe Gottes verlieret und ein fröhliches Liedchen zum Beschluß singt."*

Nun wollen wir uns umsehen, wo überall Tersteegens Freunde wohnten. Daß es sie in Mülheim gab, bedarf keiner weiteren Ausführung. Sehr angesehen war Tersteegen in *Krefeld,* der Freistatt für alle religiös Verfolgten am Niederrhein. In der Mennonitenkirche dort hat er sogar auf der Kanzel gestanden, das einzige Mal in seinem Leben. Seit 1732 machte er regelmäßig Reisen nach *Holland.* Dort hatte ein reicher Mann namens *Pauw* Tersteegens Schriften gelesen und war begierig, den Verfasser selber kennenzulernen. Doch alle seine Einladungen blieben zunächst ohne Erfolg. Da sagte sich Pauw: Kommt Tersteegen nicht zu mir, dann suche ich ihn in Mülheim auf. Von diesem Plan des schon betagten Mannes erhielt Tersteegen Nachricht. Nein, das konnte er nicht dulden, daß der alte Pauw eine solch mühselige Reise wagte. Er kam ihm zuvor und machte sich flugs nach Amsterdam auf. Es dauerte nicht lange, da hatten die beiden Männer Herzensfreundschaft geschlossen.

Pauw war ein angesehener Mann und Mitglied der Generalstaaten, des holländischen Parlaments, gewesen. Er hatte einen prunkvollen Haushalt geführt. Das alles war ihm aber gründlich verleidet worden, und er hatte sich dem verborgenen Leben mit Christus in Gott zugewandt. Er hauste in einem ganz bescheidenen Häuslein irgendwo in Amsterdam. Mit seinem Geld tat er viel Gutes. Auch Tersteegen erhielt von ihm Zuwendungen, die zum großen Teil den Mülheimer Armen zugute kamen.

Jeden Sommer zog es Tersteegen für einige Wochen nach Holland. Wenn es nach ihm gegangen wäre, hätte ihm der

Umgang mit seinem Freund Pauw genügt und hätte er sich in dessen Hause still erholt. Doch wenn seine Ankunft bekannt wurde, dann dauerte es nicht lange, und eine ganze Reihe von Gesinnungsfreunden fanden sich ein. Sie wollten mit ihrem Bruder Tersteegen Herzensaustausch haben. Mit seinen holländischen Freunden hat Tersteegen viele Briefe gewechselt. Er war ihrer Sprache durchaus kundig. Die Briefe wurden später z. T. herausgegeben.

Gern gesehen war Tersteegen überall im *Bergischen Land*. In Mettmann, Heiligenhaus und anderswo kehrte er ein. Seine besondere fürsorgliche Liebe und mahnende Wachsamkeit gehörte dem kleinen Anwesen *Otterbeck*, an der Landstraße zwischen Heiligenhaus und Velbert gelegen. Haus und Garten gehörten einem Geschwisterpaar Otterbeck. Dort wurde 1727 in der hohen Zeit der Erweckung eine sogenannte *Pilgerhütte* eingerichtet. Das war eine Art evangelisches Männerkloster, dessen Bewohner das Tersteegen so am Herzen liegende zurückgezogene Leben betender Beschaulichkeit zu verwirklichen trachten sollten. Es wurden bescheidene Weberarbeiten angefertigt, die zwei der Brüder auswärts absetzten. Nöte und Konflikte blieben nicht aus. Tersteegen umgab ständig das Leben der kleinen Schar mit seiner Ermahnung und Zuchtanweisung. In sein seelsorgerliches Mühen um die Männer in der Pilgerhütte gibt uns der folgende Brief an einen der Brüder Einblick:

„Wo auch nur zwei Gott suchende Gemüter beieinander wohnen, da kommt der Feind in ihre Mitte und stört den Frieden durch böse Reizungen oder argwöhnische Eingebungen bei einem oder dem andern. Der heilige Antonius sah den ganzen Erdboden mit lauter Stricken bedeckt, und wie derselbe ganz bekümmert fragte: Ach, wer wird diesem allen entfliehen?, so wurde ihm geantwortet: Der von Herzen Demütige. Siehe, lieber Bruder, durch dieses enge Löchlein der Herzensdemut kannst Du auch gar leicht diesen und allen noch künftig vorkommenden Versuchungsstricken des Teufels entwischen. Und diese Grundsäule und Eckstein aller christlichen Tugenden muß auch Euer Haus daselbst fest zusammenhalten. Ich will nun auf Deine Person kommen, lieber Bruder, und gebe folgende Erinnerungen:

1. Glaube bei Dir selbst und in Deinem Gewissen, fest und aufrichtig, daß keiner im ganzen Haus verkehrter, ärmer, blinder und untüchtiger sei im Leiblichen und Geistlichen als eben Du!

2. Aus diesem Grunde achte, liebe, diene und hilf, nachdem es die Umstände erfordern, einem jeden von Herzen, als aller Knecht!

3. Verlange und erwarte aber solches von andern nicht, sondern vielmehr, daß sie Dich verachten, hassen und vergessen; denn welche Ursache wolltest Du haben, solches anders zu verlangen, da Du festiglich glauben mußt, daß Du nichts anderes verdienest?

4. Als einem solchen muß Dir in allen Stücken das Geringste, das Wenigste, das Verachtetste gut genug und noch zu viel sein, weil es doch allezeit noch mehr ist, als Du verdienest.

5. Das Obige ist Deine Pflicht. Was andern ihre Pflicht ist, darum kümmere Dich nicht sonderlich, weil Du kein Vorsteher des Hauses bist.

6. Deute alles zum Besten, was andere reden oder tun!

7. Wenn Du einige Lieblosigkeit oder sonst was Arges in andern gegen Dich merkest, so denke doch nichts Arges, sondern glaube, daß sie es so böse nicht meinen, sondern daß der Versucher alsdann da sei, Dein Gemüt dadurch auszulocken, zu beunruhigen und zu verstricken, und reiß alsbald dieses Schalksauge aus, durch plötzliche oder sanfte Abwendung Deines Gemütes und Deiner Gedanken von andern auf Deine innere Armut oder auf Gottes Gegenwart in Deinem Herzen!

Diese Erinnerungen, siehst Du, lieber Bruder, sind alle gegründet auf die wahre Herzensdemut; und diese wird erlangt durch das innere Gebet, durch das Innebleiben im kindlichen Grunde vor Gottes Angesicht."

Tersteegen hat oft in der Otterbeck geweilt, und überhaupt hatten die Stillen im Lande dort einen gern aufgesuchten Mittel- und Sammelpunkt. Um die Mitte des 19. Jahrhunderts übernahm der Evangelische Brüderverein die Otterbeck als Gemeinschaftshaus.

Sehen wir uns weiter im Bergischen Land um! Wie hätte das geistlich so bewegte Wuppertal sich Tersteegens Einwirkung entziehen können! In *Elberfeld* gab es früh zahlreiche Tersteegenianer. Da war z. B. ein Mann namens Caspary, der auch gelegentlich in den Versammlungen das Wort ergriff. Eine Äußerung von ihm, daß seine Reden vielen einen großen

Segen gebracht hätten und er dadurch zum Hochmut versucht worden sei, hat Tersteegen folgendermaßen quittiert: *„Ich habe schon so viel gesprochen und geschrieben und weiß noch nicht von so vielem Segen zu sagen. Das überlasse ich Gott. Wir denken das wohl oft so im Unverstand, aber dem ist vor Gott gar anders. Wir, die wir das Wort führen, sind wie die Orgelpfeifen, die den Ton geben. Da sitzt aber hier und da in der Hütte ein einfältiges und inniges Herz, das gibt mit seinem geheimen Gebet den Wind des Geistes, Kraft und Segen darin, beides für uns und andere."*

Mit den Elberfelder Erweckten hat Tersteegen neben viel Freude auch manchen Kummer erlebt. Durch Besuche und Briefe hat er sie in gesunde geistliche Bahnen zu führen und darin zu bewahren gesucht. Aber er konnte nicht verhindern, daß etliche von der Freiheit der Kinder Gottes einen sehr sonderbaren Gebrauch machten. Das war die sogenannte *Ellersche Rotte,* die unter ihren Anführern Eller und Schleyermacher eines Tages nach Ronsdorf aufbrach und dort unter maßlosen Greueln und Verirrungen das „neue Zion" zu bauen begann. Diese Ronsdorfer Sekte ging aber bald unter. Kräftig wirkte Tersteegen in die reformierte Gemeinde Elberfeld hinein. Lange nach dem Tode des Mülheimer Gottesmannes erreichte dieser Einfluß einen neuen Höhepunkt, als der Tersteegenianer *Gottfried Daniel Krummacher* 1816 zum Prediger berufen wurde. Gott gab durch ihn große Erweckungen im Wuppertal. In ihm vereinigte sich das Erbe Tersteegens in einer höchst fruchtbaren Weise mit strengem Calvinismus.

Die Beziehungen Tersteegens zu dem Elberfeld benachbarten *Barmen* sind etwas jünger; sie gestalteten sich aber sehr herzlich. Der 1722 geborene Kaufmann *Engelbert Evertsen* wurde dort sein besonders vertrauter Freund. Beim ersten Zusammentreffen 1744 war Evertsen gleich sehr beeindruckt von Tersteegens geistlicher Persönlichkeit; doch der ganz tiefe, innige Herzenskontakt der beiden Männer, der dann keine Schwankungen mehr erfuhr, datierte vom Jahre 1747. Auch Engelberts Bruder Abraham hing sehr an Tersteegen, und bald schlossen auch die Eltern Evertsen ihr Herz gegen ihn auf, nachdem sie es zuvor gegen den Heiland getan hatten.

Engelbert Evertsen ist von allen Tersteegenianern der bekannteste und bedeutendste. Er hat seinen väterlichen Freund um fast 40 Jahre überlebt und hat sein Erbe treulich gehütet.

Er hatte einen einfachen, kindlichen Sinn, der nicht viel vom Lesen, Betrachten und Wissen hielt. Nein, Lieben und Anbeten, das war Evertsens Element. Seine Bandfabrik warf einen beträchtlichen Gewinn ab, der fast nur für wohltätige Zwecke verwandt wurde. Vor allem Kirchen, Schulen, Armenhäuser wurden unterstützt. Lassen wir Evertsen selber erzählen, was ihm die Freundschaft mit Tersteegen bedeutet hat: „Was ich in 22 Jahren durch ihn von Gott genossen, das weiß der Herr am besten. Wie oft bin ich bedrängt und bedrückt zu ihm gekommen, da sein bloßes Ansehen mich schon wieder ermunterte! Wenn ich vorher vieles zu sagen und zu klagen hatte, so fielen mir oft die Lasten dergestalt weg, daß ich sie nicht einmal brauchte zu sagen und ich in einen stillen und inneren Frieden gezogen ward. Von einem einzigen Besuch blieb mir gemeiniglich so viele Stärkung übrig, daß ich einige Wochen lang so viel genauer in Verleugnung und Gebet wandeln konnte."

Was Tersteegen erlebte, als er zum erstenmal 1747 nach Barmen kam, davon haben wir seinen anschaulichen Bericht:

„Ich wollte zwar diese Reise incognito tun, doch das war unmöglich, weil nicht allein in Barmen verschiedene Menschen, die ich vorhin noch nie gesehen, erweckt und ziemlich tief gerührt wurden, so daß ich unter den überfließenden Tränen anfangender Gemüter kaum mannhaft bleiben und von ihnen abkommen konnte, sondern ich mußte elf Tage im Bergischen umherreisen und war vom Morgen bis zum Abend mit Menschen umringt. Ich dachte einst von einem gewissen Orte eine Stunde weit auf dem Wege zu sein, allein man passete mir unterwegs auf und brachte mich in eine Kornscheuer, in welcher bei zwanzig Personen, die mir meist unbekannt, meiner warteten und begierig waren, ein gutes Wort von mir zu hören. Als ich am Morgen meiner Rückreise, ungefähr um acht Uhr, halbkrank, mich aufs Pferd setzen wollte, waren zum wenigsten wieder fünfundzwanzig Menschen beisammen, die ich doch nur ganz kurz grüßen konnte, von welchen etliche bereits einige Stunden weit gegangen waren. Überall ist viel Hunger unter den Menschen, und niemand ist da, der ihnen Speise reichte. Die gewöhnliche Speise sättigt sie nicht mehr. Wer Gnade hat zu beten, der mag den Herrn der Ernte wohl bitten, daß er Arbeiter in seine Ernte ausstoße."

In *Solingen* wohnte Tersteegens guter Freund und Heraus=

geber seiner Bücher, der Buchhändler Schmitz. Weiter war der Mülheimer Gottesmann mit dem Chirurgen Weck sehr verbunden. Er widmete ihm ein originelles Verslein:

Bruder Weck,
daß dich die Welt nicht befleck,
fleuch und schweig und in Gott lebe!
Wenn die Welt dir Welten gäbe,
alles Schaden, alles Dreck,
Bruder Weck!

Weck hat nach Tersteegens Tod ein denkwürdiges Gedicht über des Freundes Leben und Wirken verfaßt.

Weitere Verbindungen Tersteegens gingen ins *Siegerland*, ins Wittgensteinsche, in die Wetterau nach Hessen, nach Frankfurt, Mannheim, Heidelberg, Nürnberg und noch anderen Orten. In Bad Homburg vor der Höhe war eine Tochter des bekannten pietistischen Liederdichters Johann Jakob Schütz („Sei Lob und Ehr dem höchsten Gut") Tersteegens Seelsorgekind. Von ihr bemerkt er, wenn er je durch Gottes Gnade einem Menschen einen Dienst habe tun dürfen, dann sei es wohl die Jungfer Schütz gewesen. Auch jenseits der deutschen Grenzen wohnten Tersteegens Freunde: in der Schweiz, in Schweden und sogar in *Nordamerika*. In die Urwälder Pennsylvaniens schickte er Auswanderern seine willkommenen Freundesbriefe.

Übrigens – und damit sei dieser Rundblick beschlossen – war Tersteegen auch mit einer Reihe von Theologen herzlich verbunden, z. B. mit den reformierten Pastoren Taute in Ostfriesland und Lauffs in Rheydt. Vor allem aber war der Lutheraner *Johann Christian Henke* in Duisburg sein besonderer Herzens- und Duzfreund. Henke holte in den wichtigsten und heimlichsten Fragen des Amtes und des eigenen Glaubenslebens Tersteegens seelsorgerlichen Rat ein. Und das ganze Haus Henke, auch die Kinder, freute sich, wenn der Onkel Tersteegen zu Besuch kam.

Den Kontakt mit seinen näher wohnenden Freunden hat Tersteegen durch Besuche und Briefe gepflegt. Die in der Ferne wohnten, waren ihm durch Briefe und eine ausgedehnte Fürbitte verbunden. Tausende von seelsorgerlichen Briefen hat er in seiner klaren Handschrift verfaßt. Nur ein kleiner Teil davon ist in den vier Teilen der „Geistlichen und erbaulichen Briefe über das inwendige Leben" und in dem Band der „Holländischen Briefe" hinterher gesammelt und im Druck herausgegeben worden.

Wieder Erweckung in Mülheim

In Mülheim hatte Tersteegen seit 1740, dem Jahr, in dem die Erbauungsversammlungen durch Verbot der Obrigkeit ihr Ende fanden, nicht mehr öffentlich geredet. 1750 lebten die Übungen aber wieder auf, obwohl das Verbot formell nicht widerrufen wurde. Dies war die Folge einer neuen Erweckung. Tersteegen, der in den Jahren zuvor manches Mal über den Abfall und die Lauheit in den Kreisen der Gläubigen traurig hatte sein müssen, war gleich wieder fröhlich dabei, als die neuen Segnungen anhoben.

Das Zeugnis des holländischen Theologiestudenten *Jakob Chevalier* verursachte die Bewegung. Der junge Mann kam aus Amsterdam und studierte in Duisburg, das damals noch Universitätsstadt war. An seiner Art und Verkündigung war manches unreif. Aber Tersteegen dachte nicht: Was kann das groß sein, wenn so ein Student eine geistliche Bewegung entfacht? Er hatte das Reich Gottes und seine Ausbreitung viel zu lieb, als daß er in einer kühlen, abwartend-kritischen Haltung hätte verharren können: *„Ich kann unmöglich irgendwo die kleinsten, schwächsten und gebrechlichsten Anfänge und Versuche zum Durchbruch des Reiches und des Lebens Jesu in einer Seele insbesondere oder in der Kirche überhaupt mit geringschätzigen oder gleichgültigen Augen ansehen, nachdem ich gottlob mit gläubigen Augen die Haushaltung Gottes in dem Werke unserer Erlösung habe anschauen dürfen."*

Tersteegen nahm sich des jungen Chevalier äußerlich und innerlich an. Er hörte ihm in seinen Versammlungen zu. Und bald stand er selber wieder vor den Leuten. Er suchte solche Beteiligung dieses Mal genausowenig wie in der Bewegung der zwanziger und dreißiger Jahre. Von allen Seiten aber wurde er bestürmt, doch wieder zu predigen. Da konnte er nicht abseits stehen. Mit dem öffentlichen Reden ging gleich wieder Hand in Hand ein mächtiger Andrang zur Seelsorge. Hier ist Tersteegens eigener Bericht über die Ereignisse:

„Es ist gottlob hier viel Erweckung und Bewegung unter den Menschen. Seit einigen Wochen hintereinander hat immer vom Morgen bis an den Abend der eine auf den andern warten müssen, um mich sprechen zu können. Manche müssen fünf- bis sechsmal wieder umkehren, ehe ein Viertelstündchen kann gefunden werden, mich allein zu sprechen. Es ist wohl geschehen, daß ich zehn, zwanzig, ja bis dreißig bekümmerte Seelen zugleich bei mir hatte. Das Sprechen von Chevalier, ob es schon einfältig ist, so ist es doch für manche gut, die dadurch aufgeweckt werden. Auf sein und vieler hungriger Seelen Anhalten ließ ich mich dazu bewegen, eine öffentliche Versammlung mit ihm zu halten. Da kamen dreihundert bis vierhundert Menschen zusammen, und weil das Haus bis an die Tür voll war, so nahmen sie Leitern, um damit in die Fenster zu steigen."

Die weltliche und die kirchliche Obrigkeit beschäftigten sich bald mit den Geschehnissen. Sie standen der Sache ziemlich kritisch, zum Teil heftig ablehnend gegenüber. Es wurde Redeverbot für Chevalier gefordert; aus der Kirche heraus kam die Behauptung, solche privaten Erweckungs- und Erbauungsversammlungen hätten neben dem ordentlichen Gottesdienst kein Recht. Ein Professor der Theologie in Duisburg verstieg sich zu der Beschimpfung, Tersteegen sei der größte lebende Ketzer.

Der also Angegriffene blieb nicht stumm. Respektvoll und höflich im Ton, aber herzerfrischend deutlich in der Sache war, was er der Obrigkeit vortrug. Die geistlichen Herren erinnerte er daran, daß man gerade in Mülheim nicht gut das Recht der Privatversammlungen bestreiten könne, da diese doch seit Untereyks Tagen Heimatrecht in der reformierten Gemeinde hätten. Und die weltliche Regierung fragte er, ob sie wirklich gute Versammlungen verbieten wolle, wo sie doch nichts gegen Spiel- und Saufgelage unternähme und jeder Quacksalber und Seiltänzer ungestört auftreten könne.

Von den reformierten Predigern wandte sich der Pastor Wurm am heftigsten gegen die neue Bewegung. Er scheute sich nicht, das Eingreifen der weltlichen Obrigkeit zu fordern. Tersteegen schrieb ihm: *„Erlauben Sie mir, daß ich Ihnen, meinem hochgeehrten Herrn Prediger, insgeheim folgendes zu bedenken gebe: Würde nicht jedermann sagen, man opfere die so mühsam erlangten Freiheiten eines Konsistorii unbedacht-*

sam der weltlichen Gewalt auf? Würden nicht aber Verständige glauben, daß man ganz offenbar die Partei wider die Gottseligkeit und gottselige Übungen ergriffe? Die Kirche kennt keine Gewalt und kein anderes Schwert als das Wort Gottes ... Ich suche von Herzen das Beste hiesiger Gemeinde ...“

Dieser letzte Satz ist von Tersteegen ganz aufrichtig gemeint. Wenn von seinen geistlichen Anfängen im Hoffmannschen Kreis her Tersteegens Stellung zur Kirche gleichgültig oder doch abwartend war, so müssen wir nun hinzufügen, daß sein Urteil mit der Zeit freundlicher wurde und er eine positive Verantwortung auch für die Kirche erkannte. Darum durfte er in besagtem Brief nachdrücklich so fortfahren und bitten:

„Verderbe es nicht (mit den Privatversammlungen); denn es ist ein Segen darin. Gottes Kranke sind doch noch besser als der Welt Gesunde. Es gehet nichts Unrichtiges oder Anstößiges dabei vor. Es wird auch kein öffentlicher Gottesdienst gehindert. Auch scheint es nicht ohne Segen zu sein, daß rohe Menschen zahm, mürbe und gnadenhungrig werden. Man würde also scheinen, als die wider Gott streiten, wenn man dieses Gute verhinderte; Mißbräuche und Anstöße müssen dabei verhütet werden, auch darüber würde ich durch guten Rat schon mit vigilieren (wachen). Der Sache selber aber kann ich mit gutem Gewissen nicht zuwider sein. In der Tat, mein hochgeehrter Herr Prediger, wenn ich vertraulich zu Euer Wohlehrwürden reden dürfte, ich würde Ihnen unmaßgeblich anraten, den ehrlichen Chevalier einmal auf die Kanzel zu lassen. Ich wollte selbst, wenn es irgendwozu dienen könnte, mit gegenwärtig erscheinen, damit jedermann kundwürde, man stände wie ein Mann für die Sache des Heilandes. Gewißlich, mein hochgeehrter Herr Prediger, durch diesen Weg würden Sie unglaublich viele Herzen gewinnen, und die Kirche würde hinfüro nicht so leer bleiben.“

Tersteegens Mahnen blieb nicht vergeblich. Die Obrigkeit unternahm nichts gegen die Erweckungsversammlungen. Chevalier war übrigens nur kurz in der Bewegung dabei, bald zog es ihn in seine Heimat zurück. Das Feuer brannte jedoch fröhlich weiter. In Tersteegens Haus wurden sonntäglich oder auch alle vierzehn Tage – aber nie zur gottesdienstlichen Zeit – große Versammlungen abgehalten. Bis zu fünfhundert Leute drängten sich in den Räumen. Es war für den kränklichen Gottesmann schon rein körperlich eine Leistung, alle die vielen Menschen mit seiner Stimme zu erreichen. Nun, das Haus war durch Öffnungen in den einzelnen Stockwerken so eingerichtet worden, daß er, in dem mittleren stehend, nach oben und unten verstanden werden konnte.

Unter den Zuhörern dieser Versammlungen war immer eine große, schon irgendwie von der Gnade Gottes angefaßte Schar. Denen suchte Tersteegen zum vollen Durchbruch zu helfen. Aber es fehlten auch nicht die, welche noch fern vom Reich Gottes waren. Mit welchen Herztönen der Liebe konnte Tersteegen um sie werben! Die Wirkung seiner erwecklichen Reden blieb aber nicht auf den Kreis begrenzt, der sie in Mülheim hörte. Sie wurden mitgeschrieben. Manchmal taten das acht Schreiber auf einmal. Dann wurden sie im Druck verbreitet. Die erste, 1751 gehaltene und ein Jahr später herausgegebene Rede über die Kraft der Liebe Christi an Hand von 2. Kor. 5, 14 trat einen wahren Siegeszug an und erlebte in kurzer Zeit sechs Auflagen. Eine Sammlung dieser Reden kam noch kurz vor Tersteegens Tod unter dem Titel „Geistliche Brosamen" heraus.

Die Reden waren nicht kurz. Im Druck umfaßte jede etwa fünfzig Seiten. Zwei Stunden haben sie bestimmt gedauert. So etwas sollte heute ein Prediger seinen Hörern zumuten! Die Biographen und Beurteiler Tersteegens sind sich darin einig, daß diese „Reden zur Erweckung und an Erweckte zur Förderung ihres christlichen Lebens und zum Wachstum in der Heiligung" zum Reifsten und Schönsten gehören, das Tersteegen uns hinterlassen hat. Der Prediger hält sich an den Text, legt ihn umfassend, aber immer praktisch und gewissenerweckend aus. Die Sprache ist edel. Sparsam gebrachte Beispiele und Gleichnisse wirken klärend und belebend. Die Gedanken werden weit ausholend ausgebreitet. Dabei werden Wiederholungen nicht gescheut. Diese sind aber immer willkommene Bekräftigung und Vertiefung und wirken nie ermüdend.

Max Goebel, der verdiente Geschichtsschreiber der rheinisch-westfälischen Kirche, der sich mit Tersteegen eingehend befaßt hat, gibt über die erwecklichen Reden folgendes Urteil ab: „Sie können mit Recht als die edelste und feinste Frucht christlicher Frömmigkeit und Wirksamkeit bezeichnet werden, und ich weiß keinen Zeitgenossen, dessen Predigten nach Form oder

Inhalt den seinigen vorzuziehen oder auch gleichzustellen wären. Namentlich stehen die in ähnlicher Umgebung und Veranlassung gehaltenen Zinzendorfschen Reden denselben an Form und Reichtum weit nach und sind daher – bei gleichem wesentlichen Inhalt – lange nicht so genießbar."

Ein Freudentag war für Tersteegen und die Besucher seiner Versammlungen der 18. August 1754. Da war nämlich der Oberkonsistorialrat Johann Julius *Hecker* aus Berlin dabei. Er war aber nicht als mißtrauischer Kritiker, sondern als wohlmeinender Freund gekommen. Er stammte selber aus dem Land an der Ruhr und war mit seinen Menschen und deren Frömmigkeit wohlvertraut. Er freute sich über das Werk Gottes, das in Mülheim geschah. Ganz ohne Herzklopfen wird es bei Gerhard Tersteegen wohl nicht abgegangen sein, als der Herr Oberkonsistorialrat seiner Rede über „den herrlichen Stand der Gottseligkeit eines wahren Christenmenschen" nach 1. Kor. 6, 19 und 20 zuhörte. Hecker hat hinterher Tersteegens Zeugnis vor aller Öffentlichkeit herzlich bekräftigt und die unlösbare Verbindung von Rechtfertigung und Heiligung eingeschärft.

Ähnlich wird es unseren Gottesmann gefreut haben, daß bei einer Weihnachtspredigt der Amtmann von Mülheim zugegen war und ihm hinterher sagte: „Ich habe kein einziges Wort auf die Erde fallen lassen, ich werde morgen wieder euer Gast sein. Die nun noch lästern, die müssen nur tun wie ich und selber hören."

Letzte Jahre und Heimgang

Schon der neununddreißigjährige Tersteegen sah sich als einen candidatus mortis, einen Todeskandidaten, an. Wir haben es schon gehört, mit wieviel Schwachheit sein armer Leib oft geplagt war. Sein edles Gesicht war manchmal so blaß, daß es an einen Toten gemahnte. Wenn Tersteegen in seinen Briefen auf seine Leiden zu sprechen kam, dann geschah das nie wehleidig und Mitleid begehrend. Als er einmal durch Ausschlag und Geschwüre ganz entstellt war, nannte er sich selber einen armen Lazarus. Doch fügte er gleich einschränkend hinzu, diese Ähnlichkeit beträfe nur das Äußere. Im übrigen sei seine Lage viel besser als die des Lazarus. Er – Tersteegen –

habe zu essen und zu trinken, liege in einem guten Bett und sei von der Liebe und Fürsorge seiner Freunde umgeben. Von den Krankheiten und Gebrechen hörte man ihn gelegentlich sagen, *„die gehören so mit zum Weg"*, zu dem Weg, auf dem die Pilger Gottes der stillen, süßen Ewigkeit entgegenwandern.

Dieser so schwache Mann ist aber dennoch fast 72 Jahre alt geworden. Gottes Kraft hat sich in seiner Schwachheit vollendet. Das Jahr 1756 bedeutet das Ende von Tersteegens größerer öffentlicher Wirksamkeit. Ein Bruchleiden machte ihm das Sprechen in den Versammlungen unmöglich. Auch Reisen nach auswärts fielen ihm immer beschwerlicher. Doch schwang er sich noch je und dann auf sein Rößlein und grüßte Freunde in der Nähe. Der Besucher, die zu ihm kamen, wurden allerdings nicht weniger; sie nahmen eher zu, wie er es in einem Briefe ausspricht: *„Am meisten hinderte doch der außerordentliche Besuch auswärtiger Freunde, dergleichen ich noch nie so viele gehabt, so daß ich mich bei meiner großen Schwachheit in etlichen Wochen kaum habe besinnen können."*

Neuen Bekannten gegenüber konnte Tersteegen sich nicht mehr immer so wie früher innerlich aufschließen, den alten hielt er unverbrüchlich die Treue. Sein Geist blieb klar und frisch und sein Herz voller Danken. Eine schöne Äußerung des Sechsundsechzigjährigen ist das Vorwort zu dem umfangreichen Lied: „Gott ist, Gott ist, Hallelujah!" Darin heißt es:

„Ich habe in meinem Lauf viel Großes von Gott aus Gnaden erkannt und von ihm unterm Kreuz viel Gutes erfahren. Merk's, aus Gnaden! Deshalb lag mir seit mehr als zwanzig Jahren im Gemüte, daß ich noch gern vor meinem Heimgang meinem Gott ein hundertfältiges Lobopfer bringen möchte für alle seine mir zu erblicken und zu erfahren gegebenen Barmherzigkeiten. Ich gedachte nämlich hundert Loblieder zu verfertigen: 1. von Gott und seinen Vollkommenheiten, 2. von den Werken der Schöpfung, 3. von den Wundern seiner Vorsehung und Regierung, 4. von der Erlösung durch Christum, 5. von deren Ausführung in uns.

Manche andere Arbeit und mein kränkelndes sechsundsechzigjähriges Alter benehmen mir die Hoffnung, auf dieser Seite der Ewigkeit an dergleichen weiter zu gedenken. Ich liefere nun hier in einem einzigen Liede den kurzen Begriff des ersten Teils, welcher so viel Lieder ausmachen sollte, als man hier Verse sieht. Mit dem Lobe dieses großen Gottes wünsche ich hier mein Leben zu beschließen und erwarte von seiner Barmherzigkeit eine unendlich süße Ewigkeit, diesem meinem Gott meine Gelübde vollkommen bezahlen zu können und mit den verklärten Heiligen ihm mehr als ein hundertfältiges Lobopfer zu bringen."

Ja, Gott loben – das tat Tersteegen gern. Daran hinderten ihn nicht seine körperlichen Schwachheiten und die Widrigkeiten der Zeitverhältnisse. Es soll am Rande erwähnt werden, daß Tersteegen die Wirren des sogenannten Siebenjährigen Krieges (1756–1763) erlebt hat. Auch Mülheim und seine Umgebung hörten Kanonendonner, und Einquartierung brachte den Bürgern mancherlei Unannehmlichkeit. Tersteegen half und riet, wo er konnte. Einmal trabte er in diesen bewegten Zeiten etwas rascher als sonst auf seinem Gaul durch den Duisburger Wald. Da fauchten ihn französische Reiter an, er solle in Teufels Namen halten. Er aber ritt durch und rief zurück: „Der Teufel hat mir nichts zu befehlen!"

Als seine alte Hütte immer mehr „knackte" – wie er sich gern ausdrückte –, da hat Tersteegen im Jahre 1768 – ein Jahr vor seinem Tode – eine wunderschöne „Erklärung seines Sinnes" aufgesetzt und seinem Testament beigefügt. Hier ist das Wesentliche daraus:

1. *Ich befehle Gott, meinem himmlischen Vater, meine unsterbliche Seele, in dem Namen meines getreuen Heilandes Jesu Christi, der mich verderbten, irregehenden Menschen und verdammungswürdigen Sünder mit seinem teuren Blute mildiglich versöhnet und ihm zum Eigentum erkauft hat. Der mich auch durch seinen werten Heiligen Geist und dessen gnädige Erleuchtung von meiner selbst und alles Geschaffenen Nichtigkeit, Elend und Unvermögen lebendig überzeuget, meine Sünden mir geschenket, das Werk der Heiligung in mir höchst Unwürdigem angefangen, mich auch bei meiner Untreue und Trägheit mit bewundernswürdiger Langmut und Geduld getragen und bis hieher in seiner Gnade bewahret hat. Ihm sei die Ehre in Ewigkeit!*

2. *An diesen dreieinigen Gott glaube ich, und denselben bekenne ich nach der Heiligen Schrift und dem sogenannten Apostolischen Glaubensbekenntnis, samt allen übrigen in der Heiligen Schrift enthaltenen Wahrheiten. Dieses große Wesen, dieses höchst vollkommene ewige Gut, meinen Ursprung, mein Ende, meinen Gott, will ich, durch seinen Gnadenbeistand, von*

ganzem Herzen lieben, dienen und verehren, mit allem, was in und an mir ist, beides im Leben und im Sterben. Auch wünsche und vertraue ich in Jesu, daß er mir eine ganze Ewigkeit schenken werde, worin ich diesen meinen Gott vollkommen und unverrückt lieben, loben und anbeten möge, für alles das, was er ist, und für alles das, was er an meiner armen Seele getan hat: alles aber aus pur lauterer Gnade, um des blutigen Verdienstes willen seines eingeborenen Sohnes, meines getreuesten Heilandes Jesu Christi. Amen. Amen.

3. Alles, was ich je öffentlich gesprochen oder in gedruckten Schriften von Gott und seiner Wahrheit bezeuget habe, solches bekenne ich noch als Wahrheit nach der Heiligen Schrift. Es beuget mich vor Gott, daß ich mein Zeugnis nicht mit so heiligem Wandel bekräftiget, als ich gesollt und auch gewollt habe.

4. Wo ich irgendwo jemanden in der Welt, wissend oder unwissend, möchte beleidiget, geärgert oder beschweret haben: so bitte ich solche, daß sie mir selbiges um Jesu willen von Herzen vergeben wollen, gleichwie uns Gott in Christo vergeben hat. Wie ich denn auch allen und jeden, die da meinen möchten, mich irgendwo beleidiget zu haben, es mag auch sein, wer, was und wie es wolle, aus meinem ganzen Herzen nicht nur vergebe, sondern ihnen auch von Gott inniglich und angelegentlich ausbitte die völligste Beruhigung ihres Gewissens darüber. Ich finde auch gegen keinen einzigen Menschen etwas anderes in meinem Gemüte als unbedingte Versöhnung, aufrichtige Beugung und herzliche Liebe.

5. Meine leiblichen Anverwandten alle und jede bitte und ermahne ich zu guter Letzt, daß sie doch aufrichtige Buße tun, daß sie die teure Gnade Gottes in Christo Jesu mit allem Ernst suchen und in ungeheuchelter Gottseligkeit vor dem Angesicht Gottes wandeln in diesem kurzen und elendvollen Leben, daß sie auch Gottes Kinder lieben und deren Umgang sich zu Nutze machen, damit ich die Seligkeit in der Seligkeit haben möge, daß ich sie ewig bei Gott wiederfinde."

Anfang 1769 kam eine bedenkliche Schwäche über Tersteegen, die anzeigte, daß das Ende seiner irdischen Wallfahrt nahe war. Im März wurde er dann ernstlich krank. Eine Wassersucht verursachte große Not. Am 31. März wurden seine Glieder von Zuckungen befallen. Er litt viel, konnte es im Bett nicht mehr aushalten und stöhnte in großen Schmerzen vor sich hin. Aber es kam kein ungeduldiges Wort über seine Lippen. Seine Freunde, von denen in diesen Tagen manche zum Abschiednehmen bei ihm waren, hörten ihn häufig die beiden Namen flüstern, die seine ganze Wonne und Freude waren: „O Gott! O Jesu! O süßer Jesu!" Fleißig besuchte den Kranken der junge Pastor Engels, der seit einigen Jahren in Mülheim amtierte und Tersteegens Geistesverwandter war. Dem sagte er einmal: *„Von großen Dingen und Empfindungen kann ich eben jetzt wohl nicht reden; allein der Herr gibt mir Gnade, daß ich meiner selbst vergessen kann. Ich stehe viel aus."*

Ein anderes Mal sagte Tersteegen: *„Maleachi 3, 3 hat mir heute gepredigt, wenn er sagt: Er wird sitzen und schmelzen. Es ist auf einmal doch nicht getan, er findet an mir noch etwas zu reinigen. Denken Sie an mich, ich bin ein armes Geschöpf!"* Und dann das Wort, das für Gerhard Tersteegen so kennzeichnend ist: *„Ich bin froh, daß ich so lange gelebt habe, daß ich mit fester Herzensüberzeugung Gott habe kennen lernen und was für Gutes und Seliges in seiner Gemeinschaft zu finden ist."* Engels empfing auf seine Bitte hin folgenden Segen von dem Sterbenden: *„Soll ich Sie segnen? Nun, dann segne Sie der große Hohepriester Jesus und gebe Ihnen Friede, Freude, Segen, Trost und alle Geschicklichkeit zu Ihrem Amte!"*

Eine merkwürdige Ahnung hatte den vertrauten Freund Engelbert Evertsen aus Barmen nach Mülheim getrieben. So konnte er die drei letzten Tage und Nächte um Tersteegens Lager sein. Er berichtet: „Sein Leiden war übergroß, sein Beharren aber, sein kindliches und vertrauliches Überlassen in Gott stärket mich noch bis auf diese Stunde." Am 2. April gegen Mittag erkannten die Freunde, daß das Ende ganz nahe war. Die Zeiten, in denen des Kranken Geist schlafend abwesend war, wurden immer häufiger, die Augenblicke des Wachseins immer kürzer. Am 3. April 1769, morgens zwei Uhr, hauchte Gerhard Tersteegen, der Freund Gottes, sein Leben aus.

Pastor Wurm hielt die kirchliche Trauerfeier. Im Hause zeichnete Rektor Johann Gerhard *Hasenkamp* dem Freundeskreis das Bild des Verewigten und bat Gott, daß Tersteegens eingekehrtes Gemüt, sein sanftes Herz, seine Selbst- und Weltverleugnung, ja sein gesamter gottseliger und heiliger Wandel zur Verherrlichung seines Namens im gesegneten Andenken bleiben möge. Hier ein Auszug aus der Rede:

„Bei dem Ende seiner Tage, das mit vielen Leiden verbunden war, nannte er das Wegchen schmal, aber doch gut ... Könnten die Wände seines Wohn- und Schlaf- und Arbeitszimmers reden, was würden sie uns sagen von seinen vor Gott errungenen Siegen, von seinem verborgenen heiligen Umgang mit der allgegenwärtigen Gottheit, von seinen Seufzern, Gebeten, Flehen für seine Freunde, für seine Feinde, die besonders seiner Fürbitte genossen, für das Land und den Ort seiner Wohnung, für unsern König, für alle Knechte Gottes, für alle bekümmerten, ihm besonders bekannten Seelen, für Kirchen und Schulen! ...

Der selige Gerhard Tersteegen war kein Phantast. Ein Phantast verwirft Vernunft und Schrift und folgt seinen Einfällen. Das tat Tersteegen nicht. Er war ein sehr vernünftiger Mann, aber nicht bloß vernünftig, er war ein erleuchteter, geheiligter und gesalbter Mann. Er fürchtete sich vor seinem eigenen Geist. Den ordentlichen Weg Gottes hielt er für den sichersten. Bei allem Außerordentlichen war er ungemein behutsam. Ich weiß nicht, ob ich jemals einen vorsichtigeren, in Reden und Taten pünktlicheren Mann gekannt habe als den seligen Gerhard Tersteegen ...

Tersteegen war kein eigensinniger Babelstürmer. Er erkannte wohl das Verderben der Kirche, darüber seufzte er, aber er nannte sie nicht Babel. Er war kein Sektierer. Ein Sektierer wirft sich zum Haupte einer Partei auf und will alles nach seinem Wandel eingerichtet haben. Ich weiß nicht, daß der Selige einen einzigen Lehrbegriff gehabt habe, der den Grundsätzen unserer Reformation zuwider wäre. Wie viele Freunde der Selige auch immer hatte und wie leicht es ihm gewesen wäre, ein Papst zu werden, so können doch diejenigen, die ihn genau gekannt haben, bezeugen, wie peinlich es ihm gewesen sei, wenn er bei einigen eine von Gott abhaltende Anhänglichkeit an ihn wahrgenommen habe."

Tersteegen als Schriftsteller

Wir sind in der bisherigen Darstellung schon auf die Spuren der Schriftstellerei Gerhard Tersteegens gestoßen, wollen uns jetzt aber diesem wichtigen Teil seiner Lebensarbeit noch gesondert zuwenden. Wenn man überblickt, was Tersteegen alles geschrieben hat, dann kann man nur darüber staunen, was in dem schwachen Leib für ein erleuchteter Geist gelebt und gewirkt hat.

1724, im Jahr der großen Wende, hat Tersteegen zu schreiben begonnen. Er übernahm damals einige Wochenstunden Unterricht bei den Kindern eines seiner Brüder. Für diesen Unterricht schrieb er in Frage- und Antwortform eine Art Katechismus, den „Unparteiischen Abriß der christlichen Wahrheiten", der allerdings erst lange nach seinem Tode – 1821 – im Druck erschienen ist. Die folgenden Jahre waren vor allem mit Übersetzertätigkeit ausgefüllt. 1725 gab Tersteegen das „Handbüchlein der wahren Gottseligkeit" von Jean de *Labadie* heraus. Der frühere katholische Priester und spätere reformierte Prediger war einer der Vorläufer des Pietismus, der auf das christliche Leben in den Niederlanden und am Niederrhein stark und gesegnet eingewirkt hat.

Dann machte sich Tersteegen an die Übersetzung und Bearbeitung der Schriften des französischen Katholiken *Jean de Bernières-Louvigny*, eines der Hauptvertreter der quietistischen Mystik (Quietismus = Gelassenheit). Seinen Übersetzungen stellte er meist umfangreiche Vorworte voran, in denen er auf das besonders einging, was nach seiner Meinung von diesen erleuchteten Geistern zu lernen war. Es geht da immer um das wahre, das inwendige Christentum, das dem weithin in den Kirchen herrschenden auswendigen Scheinchristentum als das verborgene Leben mit Christo in Gott gegenübersteht. Von dem Geheimnis dieses wahren Christentums haben nach Tersteegens Urteil auch viele rechtschaffene Katholiken gewußt, und darum sind sie ihm reformierter und evangelischer als die meisten Protestanten. Er meint, auf einem Blättchen der wahren mystischen Schriften sei oft mehr göttliche Salbung, mehr Licht, Rat, Trost und Frieden für ein Gott suchendes Gemüt zu finden als in zehn oder mehr Folianten der saft- und kraftlosen Schultheologie.

Dem Bernières folgte im selben Jahr 1727 die Übersetzung zweier weiterer Werke der mystischen Theologie, der bekannten „Nachfolge Christi" des *Thomas von Kempen* und der „Göttlichen Herzensgespräche" des Gerlach Petersen. Damit ist aber Tersteegens literarische Fruchtbarkeit für das Jahr 1727 noch nicht erschöpft. Er schrieb weiter die „Wahre Theologie des Sohnes Gottes", eine Zusammenstellung von Aussprüchen Jesu unter bestimmten Gesichtspunkten (erst 1821 veröffentlicht). Gegen eine falsche Betonung der christlichen Freiheit nahm das „Zeugnis der Wahrheit" Stellung. Unter dem Titel

„*Geistliches Blumengärtlein inniger Seelen*" wurde die erste Sammlung von Liedern und Reimsprüchen und als Zugabe „Der Frommen Lotterie" fertiggestellt. Letztere wurde von der zweiten Auflage des „Blumengärtleins" an diesem einverleibt, erschien daneben aber auch wieder als Einzeldruck.

Das alles ist die literarische Frucht eines einzigen Jahres. Ist solche Leistung nicht erstaunlich? Zumal Tersteegen 1727 seinen Beruf als Bandwirker ja noch nicht aufgegeben hatte, an seinen Büchern also nur in den Abend- und Nachtstunden schreiben konnte. Die Vorliebe für mystische Schriften hat Tersteegen durch sein ganzes Leben begleitet. In der Bibliothek des 1719 verstorbenen reformierten Mystikers *Poiret*, die ihm zur Verfügung stand, stöberte er seine Schätze auf. Aus späteren Jahren sei hingewiesen auf die Übersetzung der Schrift der Madame de *Guyon:* „Die heilige Liebe Gottes und die unheilige Naturliebe." Diese französische Mystikerin hielt Tersteegen für so bedeutsam, daß er auch Auszüge aus ihren vielbändigen Anmerkungen zur Heiligen Schrift herausgab. Weniger bekannte Schriften des Thomas faßte er im „Kleinen Kempis" zusammen. Die „Kleine Perlenschnur", die 1767 erschien — also zwei Jahre vor seinem Tod —, war eine Auswahl kleiner mystischer Traktate und bewies, daß er die Welt der Mystik bis zuletzt liebte.

Tersteegens umfangreichste Veröffentlichung sind die im Verlauf von zwanzig Jahren (1733—1753) erschienenen drei Bände „Auserlesene Lebensbeschreibungen heiliger Seelen". Mit großer Mühe und Sorgfalt und einer erstaunlichen Kenntnis von Einzelheiten, die ihm das Studium von z. T. recht abgelegenen Quellen verschaffte, hat Tersteegen darin fünfundzwanzig Lebensbilder dargestellt. Es handelt sich um Männer und Frauen der verschiedensten katholischen Orden, um lauter einsiedlerische und weltflüchtige Gestalten, die dazu meist der Zeit der Gegenreformation angehören. Den Vorwurf, daß er mit einem solchen Werk den „Papisten" Vorschub leiste, hat Tersteegen durch den Hinweis auf seine eigene Stellung, er sei und bleibe Protestant, zurückgewiesen. Man müsse aber weitherzig genug sein, zur Auferbauung der Gemeinde Jesu Christi die Wahrheiten des inneren Christentums auch an solchen Persönlichkeiten aufzuzeigen, die zu einer andern Konfession gehörten.

In seiner christlichen Überparteilichkeit geht Tersteegen nach dem Urteil seines wohlwollenden Biographen Max Goebel in den „Auserlesenen Lebensbeschreibungen“ jedoch zu weit, indem er allzu unkritisch die Erscheinungen, Offenbarungen und Verzückungen seiner mönchischen Lieblinge den evangelischen Lesern vorsetzt und „deren strenge und schroffe Entsagung in allem Natürlichen, Menschlichen und Sittlichen des irdischen Lebens als ein Muster der Vollkommenheit darstellt, wo nicht gar empfiehlt. Tersteegen wird in seinem Streben nach christlicher Unparteilichkeit offenbar parteiisch für die römisch-katholische äußerliche Weltentsagung gegen die evangelische innerliche Weltüberwindung und Glaubensfreudigkeit.“ Goebel nennt darum das umfangreichste Werk Tersteegens seine ungesundeste und bedenklichste Schrift.

Wenden wir uns nun wieder dem Schrifttum zu, das nicht solche kritischen Bedenken herausfordert wie die „Lebensbeschreibungen heiliger Seelen“! Im Dienste des „inwendigen Christentums“ steht auch das „Blumengärtlein“, das schon zu Tersteegens Lebzeiten sieben von ihm selber besorgte Auflagen erlebte. Dazu kamen noch einige Nachdrucke. Von den drei Teilen enthält der erste die fünfhundertvierundachtzig „kurzen und erbaulichen Schlußreime“. Dann kommt das zweite Büchlein mit kurzgefaßten Betrachtungen über ausgewählte Worte aus den vier großen Propheten und einer Zugabe von sechzehn Sprüchen über die Kraft der Erhöhung Christi. Der dritte Teil mit einhundertelf Liedern ist der bedeutendste. In immer neuen Auflagen hat dieses Andachts- und Erbauungsbuch mit seinem Ruf zur Stille, zur Abkehr vom bloßen Kreatürlichen und zur Hinkehr zu Gott, dem wesenhaften Gut, einen nachhaltigen Segensdienst an ungezählten Menschen getan.

Einen wichtigen Platz in Tersteegens Schriftstellerei nehmen die beiden Werke seiner Spätzeit, der „Weg der Wahrheit“ und die „Gedanken über die Werke des Philosophen von Sanssouci“, ein. Im *„Weg der Wahrheit“* sind „zwölf bei verschiedenen Gelegenheiten aufgesetzte Stücke und Traktate“ gesammelt, darunter die schon früher erwähnten Vorreden Tersteegens zu den von ihm herausgegebenen mystischen Schriften und Lebensbeschreibungen. Der seelsorgerliche Praktiker und Rufer zum inneren Leben erweist sich in diesen Abhandlungen auch als ein klarer, schriftgebundener Theologe, der über wichtige biblische Wahrheiten gedanklich Rechenschaft abzulegen bereit und imstande ist. Wie bedeutsam die behandelten Themen sind, zeigen folgende Überschriften: „Anweisung zum rechten Verstand und nützlichen Gebrauch der Heiligen Schrift" – „Sendschreiben von der Vernunft, deren Fähigkeit, Gebrauch und Mißbrauch im Göttlichen" – „Von dem Verhalten bei außerordentlichen Geistesgaben, Gesichten, Offenbarungen usw." – „Warnungsschreiben wider die Leichtsinnigkeit" – „Vom christlichen Gebrauch der Lieder und des Singens".

Von den *„Gedanken über die Werke des Philosophen von Sanssouci"* urteilt Max Goebel: „In ihnen erblicken wir den feinen und tiefen Geist Tersteegens in der Vollendung. Sie gehören auch vom rein weltlichen, ästhetischen Standpunkte aus zu dem Besten und Schönsten, was das durch Schiller und Goethe damals noch nicht aufgeweckte deutsche Volk geleistet hat." Der Philosoph von Sanssouci ist kein anderer und Geringerer als der Preußenkönig Friedrich der Große, dem Tersteegen als Untertan gern alle schuldige Ehre zu erweisen bereit war; doch als ihm ein Freund die philosophischen Schriften des Königs zur Prüfung vorlegte und seine ungeschminkte Meinung darüber hören wollte, hat der stille Gottesmann aus Mülheim den König nicht geschont. Respektvoll, aber deutlich hat er aufgezeigt, wie kümmerlich und unbrauchbar die seichte Moral des Philosophen von Sanssouci sei, und daß er von wahrer Religion und von der Kraft echter Christen keinen Hauch verspürt habe.

Tersteegen schließt das Schriftlein mit den Sätzen: *„Meine wahre Hochachtung vor der verehrungswürdigen Person und den unvergleichlichen Eigenschaften des Verfassers haben mich unterm Lesen hundertmal seufzen gemacht: welch ein Werkzeug könnte dieser große Mann in der Hand des großen Gottes sein, wenn sein vorzüglicher Verstand, von höherem Lichte bestrahlet, die höchst schädlichen Vorurteile wider die Religion ablegen und sein edles Herz dem König aller Könige, dem Herrn aller Herren, seine gebührende Ehre geben möchte!"*

Wahrscheinlich ist es der schon erwähnte Freund Tersteegens, Oberkonsistorialrat Hecker aus Berlin, gewesen, dem diese Gedanken über die Werke Friedrichs des Großen in einem Briefe mitgeteilt worden sind. Er soll das Schreiben nach glaubwürdiger Überlieferung dem König überbracht haben, und der soll nach der Lektüre erstaunt und anerkennend gefragt haben: „Können das die Stillen im Lande?" „Der Alte Fritz" soll auch bei einem Aufenthalt in Wesel – 1763 – Tersteegen zu einem Besuch eingeladen haben. Der hat aber abgelehnt. Er kam sich schon zu gebrechlich vor, versprach sich wohl auch nichts von solcher Begegnung. Er durfte das wagen, weil ja kein Befehl, sondern nur eine freundliche Einladung vorlag.

In kleineren Aufsätzen hat sich Tersteegen auch noch über die Fragen des Abendmahls, der Kirche, des Separatismus geäußert. Wir wissen ja schon, daß er in der organisierten Kirche nie eifrig mitgemacht hat. Er hat aber auch nie eine Trennung erwogen, da nach seiner Meinung ein „Mystiker" sich mit andern, wesentlicheren Dingen zu beschäftigen habe. Wenn man zu all diesem Schrifttum die unübersehbare Schar der Briefe stellt, die aus Tersteegens Herzen und Feder geflossen sind — was für eine bedeutende literarische Lebensleistung ergibt das Ganze!

Der Liederdichter

In der ersten Ausgabe des „Blumengärtlein" fanden sich dreiunddreißig Lieder. Ihre Zahl ist in den weiteren Ausgaben auf hundertelf angewachsen. Viele von diesen Liedern haben den Weg in die Gesangbücher gefunden. Sie sind das Schönste und Bleibendste, was Tersteegen der christlichen Gemeinde geschenkt und hinterlassen hat. Wer erquickt sich heute noch an all dem biblischen und seelsorgerlichen Reichtum seiner vielen Schriften? Aber seine Lieder reden noch, mit ihren unvergänglichen Worten und Klängen betet die Gemeinde den gegenwärtigen Gott an, preist sie das Heil in Christus, stärkt sie sich auf dem Pilgerweg zur Ewigkeit. Kann man sie sich wegdenken aus den Gottesdiensten und Versammlungen, die Lieder Tersteegens, wie „Gott ist gegenwärtig", „Liebster Heiland, nahe dich", „Ich bete an die Macht der Liebe", „Frohlocket, ihr Himmel", „Wie bist du mir so innig gut, mein Hoherpriester du", „Ruhe hier, mein Geist, ein wenig", „Siegesfürste, Ehrenkönig", „O Gott, o Geist, o Licht des Lebens", „Gott rufet noch, sollt' ich nicht endlich hören", „Kommt, Kinder, laßt uns gehen", „Geht, ihr Streiter, immer weiter", „Jesu, der du bist alleine Haupt und König der Gemeine", „Nun sich der Tag geendet"?

Die Lieder Tersteegens sind in ihrer übergroßen Mehrheit im Ich-Stil gehalten. Nur zehn sind ausgesprochene Wir-Lieder. Das hat ihnen den Verdacht und Vorwurf eingebracht, sie seien nur Selbstbespiegelung des einzelnen frommen Ich, sie verkörperten eine rein subjektive Frömmigkeit, während doch das Lob der großen Taten Gottes im Wir der Gemeinde zu erschallen habe. Aber kann man das von Tersteegens Liedern sagen, daß sie nur Fluß und Erguß des frommen Herzens und Gefühls seien? Wie hat doch dieser Mann in der Gemeinschaft des Volkes Gottes dringestanden! Wenn er auch in der Ich-Form anstimmt: „Ich bete an die Macht der Liebe", ist es bei diesem und den andern Liedern nicht so, daß sie zur gemeinsamen Anbetung rufen, und daß der sie Singende eben nicht den Eindruck der frommen und gefühlvollen Vereinzelung hat, sondern gerade des Drinstehens im großen Chor der an allen Orten zur Anbetung Gottes vereinigten Gemeinde?

Das ganze Leben Tersteegens ist ein Leben in der Gegenwart Gottes gewesen, es hat sich im Lobe Gottes geübt, es hat in der Stille die Gemeinschaft mit Gott gesucht. Eine tiefe Ehrfurcht, die eine falsche Vertraulichkeit und Kameradschaftlichkeit Gott gegenüber nicht zuläßt, prägt Tersteegens Frömmigkeit. Wo erlaubt er, der um das selige Geheimnis weiß, daß Menschen Gott ihren Freund nennen dürfen, sich eine Unehrerbietigkeit? Hätte dazu nicht am ehesten im Raum der Poesie die Versuchung nahegelegen? Die einzigen geringen Mißgriffe und Bedenklichkeiten, die man in dieser Sache bei Tersteegen vielleicht aufspüren kann, sind Anreden an Gott wie „Mein Noah!", „Mein Stall, mein Nest, mein Ruheplatz!" Wenn man aber an all die Wunderlichkeiten und Ungeheuerlichkeiten denkt, die andern religiösen Dichtern, auch manchen Zeitgenossen Tersteegens, unterlaufen sind, dann fallen solche kleinen Ungeschicklichkeiten der Bild- und Wortwahl kaum ins Gewicht.

Es ist eine edle, reine und reife Sprache, in der in Tersteegens Liedern der Lobpreis Gottes dahinströmt. Sie erfüllen die besondere Aufgabe, daß sie uns zur Anbetung rufen, in die Anbetung aufnehmen. Tersteegen hat um den Trost der Rechtfertigung gewußt, und das Zeugnis von dem Heil in Christus fehlt in seinen Liedern nicht. Gleich sein erstes Lied ist ja ein Lobpreis des Hohenpriesters Jesus gewesen, der uns so gut ist. Doch ist dieser Ton bei Martin Luther und Paul Gerhardt ungleich stärker und beherrschender. Tersteegen hat im Chor der Sänger der Christenheit eben *seinen* Klang beigesteuert.

Tersteegen ist Mystiker gewesen. Wie hat sich in mystischen

Schriften und Liedern die fromme Seele oft hemmungslos ergossen! Welche verstiegenen Aussagen über Gott und die Seele und ihr gegenseitiges Verhältnis sind da gemacht worden! Welche Abgeschmacktheiten sind auch dem glutvollen schlesischen Mystiker *Johann Scheffler* (1624–1677) nachzuweisen! Es gibt von ihm prächtige Lieder in unsern Gesangbüchern: „Ich will dich lieben, meine Stärke", „Liebe, die du mich zum Bilde deiner Gottheit hast gemacht", „Mir nach, spricht Christus, unser Held". Aber wenn er z. B. die Beziehung der Seele zu Christus in den Bildern des alttestamentlichen Hohenliedes ausmalt – was die Mystiker immer gern getan haben –, dann geht die Phantasie oft greuliche Irrwege. Es gibt bei Tersteegen hier und da leise Anklänge an Scheffler, aber wie wohltuend bleiben doch seine Worte und Bilder in der biblischen und dichterischen Zucht!

Es ist bei Tersteegens Liedern so, daß sie hier und da etwas lang geraten sind, daß sie meist aber so aufgenommen und gesungen werden können, wie sie ihm damals ins Herz und in die Feder kamen. Bei Zinzendorf dagegen, der sich das Herzstück des Evangeliums, die Rechtfertigung des Sünders durch das Kreuz Jesu, herrlich klar angeeignet hat, und der darin vielleicht noch über Tersteegen zu stellen ist, finden sich so viele unmögliche Bilder, Reimereien und Weitschweifigkeiten, daß seine Lieder erst nach vielen Änderungen, Kürzungen und Glättungen sich fürs Gesangbuch eigneten.

In Tersteegens Liedern fällt auf, daß darin die Beschreibung der Abgründe des Menschenherzens selten ist. Von der satanischen Macht ist kaum die Rede. Die unheimliche Welt im eigenen Herzen und in den Tiefen der Geschichte – Tersteegen hat sie nicht optimistisch übersehen. Aber er hält nichts davon, das im Lied schaurig auszumalen. Sein Element ist, das unendlich Schöne, Herrliche und Anbetungswürdige, eben Gott, zu rühmen und als Zuflucht den Menschen anzupreisen. Tersteegen ist auf weiten Strecken seiner Lebenswirksamkeit kräftiger Evangelist gewesen. In seinen Liedern ist der zum Heiland lockende Ton jedoch selten. Am bekanntesten ist: „Gott rufet noch, sollt' ich nicht endlich hören." Aber auch hier wird nicht mit Schuld und Strafe und Höllenqual operiert. Der Mensch soll durch den Hinweis auf die überwältigende Langmütigkeit und Erbarmung Gottes dem Sünder gegenüber erweicht werden.

Wie schön wird's bei Tersteegen, wenn er in seinen Liedern die Bruderschaft der Jesusleute besingt, wenn er davon spricht, wie Gottes Kinder sich aneinander freuen und auf dem Pilgerweg einander Handreichung der Liebe und der Seelsorge tun! Miteinander sind sie unterwegs zur stillen, süßen Ewigkeit. Weil ihre Herzen das herrliche Ziel erschaut haben, wollen sie nichts mehr wissen von all dem Ballast, an den sich die Menschen so gern hängen, und über dem sie das Wichtigste vergessen. Es muß einen zum Mitwandern locken, wenn man Tersteegen singen hört:

Kommt, Kinder, laßt uns gehen.
der Abend kommt herbei;
es ist gefährlich stehen
in dieser Wüstenei.
Kommt, stärket euren Mut,
zur Ewigkeit zu wandern,
von einer Kraft zur andern;
es ist das Ende gut.

Es soll uns nicht gereuen
der schmale Pilgerpfad;
wir kennen ja den Treuen,
der uns gerufen hat.
Kommt, folgt und trauet dem;
ein jeder sein Gesichte
mit ganzer Wendung richte
fest nach Jerusalem!

Man muß wie Pilger wandern,
frei, bloß und wahrlich leer;
viel sammeln, halten, handeln
macht unsern Gang nur schwer.
Wer will, der trag sich tot;
wir reisen abgeschieden,
mit wenigem zufrieden;
wir brauchen's nur zur Not.

Kommt, Kinder, laßt uns wandern,
wir gehen Hand in Hand;
eins freuet sich am andern
in diesem wilden Land.

Kommt, laßt uns kindlich sein,
uns auf dem Weg nicht streiten;
die Engel selbst begleiten
als Brüder unsere Reihn.

Sollt' wo ein Schwacher fallen,
so greif der Stärkre zu;
man trag, man helfe allen,
man pflanze Lieb' und Ruh!
Kommt, bindet fester an;
ein jeder sei der Kleinste,
doch wohl auch gern der Reinste
auf unsrer Liebesbahn!

Drauf wollen wir's denn wagen,
es ist wohl wagenswert,
und gründlich dem absagen,
was aufhält und beschwert.
Welt, du bist uns zu klein;
wir gehn durch Jesu Leiten
hin in die Ewigkeiten:
es soll nur Jesus sein!

Tersteegen hat in der inneren Welt des verborgenen Umgangs mit Gott gelebt. Alles Sichtbare und Geschaffene trat darüber weit zurück. Aber er ist nicht blind gewesen für die Schönheiten der Schöpfung. Es ist ein sympathischer Zug an seiner Dichtung, daß er in zarten und reinen Tönen auch die Natur besingen kann. Wie könnte es bei ihm allerdings anders sein, als daß ihm im Geschaffenen die Spuren und Gleichnisse des Ewigen begegnen, und daß das Schöne auf dieser Erde die Sehnsucht weckt und stärkt nach dem noch Schöneren der vollendeten Welt Gottes?

Tersteegen hat sich in vielen seiner Lieder dem Gang des Kirchenjahres angeschlossen. Das verdient hervorgehoben zu werden bei einem Mann, der der organisierten Kirche und ihren kultischen und theologischen Formen relativ gleichgültig gegenüberstand. Tersteegen hat auch den Tageslauf und den Beruf in seinen Liedern unter Gott gerückt. Wie weit entfernt ist also seine Mystik von aller Welt- und Lebensfremdheit!

Wenn wir nun einige Lieder Tersteegens — meist in ausgewählten Versen – bringen, dann sollen es solche sein, die in unsere Gesangbücher nicht aufgenommen sind.

Großer Gott, in dem ich schwebe

Großer Gott, in dem ich schwebe,
Menschenfreund, vor dem ich lebe,
höchstes Gut und Herr allein,
ich bet' an dein Nahesein.

Sollt' sich nicht mein alles beugen
und in Liebesehrfurcht schweigen,
da ich, wo ich geh' und steh',
meinen Gott vor Augen seh'?

Sei gelobet und geliebet,
süßer Gott, der mich umgibet,
daß du mir in Jesu Christ
näher als mein Herze bist!

Laß sich andre sonst zerstreuen,
ich will mich in Gott erfreuen,
den ich habe, wo ich bin:
Nimm mein Herz, o Schönster, hin!

Alles kann ich dir erzählen,
darf mit keiner Last mich quälen.
Kann ich mich nicht selbst verstehn,
laß ich dich's, den Nahen, sehn.

So vor Gottes Augen schweben,
das ist mir erst selig leben,
da man ohne Kunst und List
an ihn denket, wo man ist.

O Majestät, wir fallen nieder

O Majestät, wir fallen nieder;
zwar du bedarfst nicht unsrer Lieder,
uns ziemt und nutzt dein Lob so sehr.
Zu deinem Lob sind wir geboren,
so teu'r erkauft, so hoch erkoren,
o Seligkeit, dir geben Ehr'!

Zu deinem Lobe nur
ist alle Kreatur,
selig's Wesen!
Wir kommen dann
und beten an;
im Geist und Wahrheit sei's getan!

Durch deinen Willen muß bestehen,
was wir durch dich geschaffen sehen,
dein Werk ist groß und wunderbar.
Von allem du gelobt mußt werden
im Himmel, Meer und auf der Erden,
es stellt von deiner Pracht was dar.
Dein Lob ist eingeprägt
in allem, was sich regt.
Amen! Amen!
Auch wir sind dein
und stimmen ein:
Du, Gott, bist unser Gott allein!

Die unter allen Nationen
von deinen Freunden hier noch wohnen,
erheben dich, du selig's Gut,
dich höchst vollkommen sie bekennen,
dich ihren Gott und Heiland nennen,
der sie erkauft durchs Lammes Blut,
ihr allvergnügend Teil,
ihr Trost, ihr ganzes Heil.
Amen! Amen!
Auch wir sind dein
und stimmen ein:
Du, Gott, bist unser Gott allein!

Du wollst dich selbst in uns verklären,
daß wir dich würdiglich verehren,
und unser Herz, dein Heiligtum,
mit deiner Herrlichkeit erfüllet,
durch deine Nahheit tief gestillet,
zerfließ in deiner Gottheit Ruhm.
Dich, liebenswürdig's Gut,

erhebe Geist und Mut!
Amen! Amen!
Hallelujah!
Hallelujah!
Der Herr ist groß und gut und nah!

Nun lobet alle Gottes Sohn

Nun lobet alle Gottes Sohn,
der die Erlösung funden;
beugt eure Knie vor seinem Thron,
sein Blut hat überwunden!
Preis, Lob, Ehr', Dank, Kraft, Weisheit, Macht
sei dem erwürgten Lamm gebracht!

Nun, dein erkauftes Volk allhie
spricht: Hallelujah, Amen!
Wir beugen jetzt schon unsere Knie
in deinem Blut und Namen,
bis du uns bringst zusammen dort
aus allem Volk, Geschlecht und Ort.

Was wird das sein, wie werden wir
von ew'ger Gnade sagen,
wie uns dein Wunderführen hier
gesucht, erlöst, getragen,
da jeder seine Harfe bringt
und sein besondres Loblied singt!

Jesusnam', du höchster Name

Jesusnam', du höchster Name,
dem sich Erd' und Himmel beugt,
der aus Gottes Herzen kame
und in Gottes Herz uns zeucht,
ich ersink' in Demut hie,
innigst beug' ich meine Knie,
ich will mit der Engel Chören
diesen großen Namen ehren.

Jesusnam', mich ganz durchsüße,
mach mein krankes Herz gesund!
Sanfte Liebe, komm, durchfließe
meine Kräfte, meinen Grund,

daß ich sanft, gelassen, klein
und geschmeidig möge sein,
daß man mög' aus meinem Wesen
deine süße Liebe lesen!

Jesusnam', du Kraft der Schwachen,
meiner Seele Aufenthalt,
alle Höllenpforten krachen,
wenn der Nam' im Herzen schallt.
O du sichres Schloß der Ruh',
nimm mich ein und deck mich zu:
da kann mich kein Feind mehr finden,
da muß alle Furcht verschwinden.

Jesus will die Sünd' vergeben,
Jesus macht von Sünden rein,
Jesus gibt das ew'ge Leben,
Jesus will nur Jesus sein:
o du süßes Jesuswort!
Jesu, laß mich hier und dort
mit gebücktem Geist den Namen
ewiglich anbeten! Amen!

In Jesu Namen ich alleine

In Jesu Namen ich alleine
fang' wieder mein Berufswerk an.
O möcht' ich's tun, wie er's getan!
Sein Arbeit heilige die meine,
so ist sie reine. .

Herr, hilf! Ohn' dich geht es nicht richtig,
drum halt mich, daß ich hang' an dir!
Du selbst mir rat, mich stärk, mich führ;
ich bin arm, kraftlos, unvorsichtig,
blind und untüchtig.

In allem ich dir Vollmacht gebe,
brich meinen Willen ganz entzwei,
damit ich nur dein Werkzeug sei,
dir nach den Augen seh', dir lebe,
dir nur anklebe!

Herr, ein einfältig's Aug mir gibe
beim Werk, nicht Geld- und Weltbegier!
Rein, Herr, nur zu gefallen dir,
dir zu gehorchen, deine Liebe
sei nur mein Triebe!

Zu merken auf dein's Geistes Rühren,
laß unter den Geschäften sein
mein großes Hauptgeschäft allein:
dein helles Aug mein Tun probiere,
mich leit und führe!

O daß bei allen Atemzügen
ein stiller Seufzer aufwärts ging',
der kräftig in dein Herz eindring'!
Möcht' ich, sooft mein Herze schlüge,
mich vor dir biegen!

Du, Herr, mir Rat und Weisheit gibe,
wenn ich mit Menschen um soll gehn,
laß es in Jesu Geist geschehn,
in Sanftmut, Demut, Einfalt, Liebe,
aus reinem Triebe!

Weg mit den eingebild'ten Schätzen,
die doch so leicht und bald vergehn!
Hier Jesum lieben, dort ihn sehn,
den Schatz kann Rost noch Dieb verletzen,
der kann ergötzen.

Laß kein Ankleben mich auch hindern
von dem, was bei der Arbeit mir
dein' Hand zuwirft, auch mit Begier
zu geben dir und deinen Kindern,
ja selbst den Sündern!

Bei aller Arbeit und Beschwerde
befördre du dein Werk in mir;
dies eins mein Ziel sei für und für,
daß ich mit dir vereinigt werde
noch auf der Erde,

bis ich der Unruh' überhoben
und frei von Mühe, Furcht und Pein
dies einzig mein Geschäft wird sein:
dich schauen, lieben, ehren, loben
auf ewig droben!

Müder Geist, nun kehr zur Ruh

Müder Geist, nun kehr zur Ruh
und vergiß der Bilder alle,
schleuß die Augen sachte zu;
was nicht Gott ist, dir entfalle!
Schweig dem Herrn und halt ihm still,
daß er wirke, was er will!

Still, geschäftiger Verstand!
Ruht, ihr ausgeschweiften Sinnen!
Soll mir Wahrheit sein bekannt,
muß der Bilder Schwarm zerrinnen;
soll Gott wirken frei und rein,
muß mein Eignes stille sein.

Hab du freie Hand in mir,
wollest deinen Thron bereiten!
Meine Kräfte seien dir
leere, stille Fähigkeiten;
du magst sie nach deinem Willen
selbst bewegen, selbst erfüllen.

Nun schläfet man

Nun schläfet man,
und wer nicht schlafen kann,
der bete mit mir an
den großen Namen,
dem Tag und Nacht
wird von der Himmelswacht
Preis, Lob und Ehr' gebracht,
o Jesu, Amen!

Weg, Phantasie!
Mein Herr und Gott ist hie!
Du schläfst, mein Wächter, nie,
dir will ich wachen.

Ich liebe dich,
ich geb' zum Opfer mich
und lasse ewiglich
dich mit mir machen.

Es leuchtet dir
der Himmelslichter Zier,
ich sei dein Sternlein, hier
und dort zu funkeln.
Nun kehr' ich ein.
Herr, rede du allein
beim tiefsten Stillesein
zu mir im Dunkeln!

Süßer Schatten, bunte Wiesen

Süßer Schatten, bunte Wiesen,
wie vergnügt ihr meinen Sinn!
Wenn ich Jesu einsam bin,
hab' ich euch so oft gepriesen.
Süßer Schatten, bunte Wiesen,
wie vergnügt ihr meinen Sinn!
Ich seh' nichts in euch als diesen,
den ich nenne, des ich bin.

Was hier grünet und sich reget,
hat mein Freund hervorgebracht.
Schönheit, Weisheit, Güte, Macht
ist im Kleinsten eingepräget.
Was hier grünet und sich reget,
hat mein Freund hervorgebracht,
sich nach seinem Wink beweget
und ihn lobt mit stiller Pracht.

Nun, so will ich denn mein Leben

Nun, so will ich denn mein Leben
völlig meinem Gott ergeben,
nun wohlan, es ist geschehn!
Sünd', ich will von dir nicht hören,
Welt, ich will mich von dir kehren,
ohne je zurückzusehn.

Hab' ich sonst mein Herz geteilet,
hab' ich hie und da verweilet,
endlich sei der Schluß gemacht,
meinen Willen ganz zu geben,
meinem Gott allein zu leben,
ihm zu dienen Tag und Nacht.

Dich allein will ich erwählen,
alle Kräfte meiner Seelen
nimm nur ganz in deine Macht!
Ja, ich will mich dir verschreiben,
laß es ewig feste bleiben,
was ich dir hab' zugesagt!

Herr, ich bin so ganz elendig,
soll mein Vorsatz sein beständig,
so mußt du mein Helfer sein.
O Durchbrecher aller Banden,
laß mich werden nicht zuschanden;
denn ich trau in dich allein.

Wie gut ist's

Wie gut ist's, wenn man abgewandt
von allem steht in Gottes Hand,
in ihm ruht alle Stunde!
Wie gut ist's, wenn man ist erlöst,
von Sünd' und Eigenheit entblößt,
an Gott sich hält im Grunde!

Wie gut ist's, wenn nach Kinder Art
man lebt in Vaters Gegenwart,
tracht't ihm nur zu gefallen!
Wie gut ist's, wer in dieser Welt
in sanft' und stillem Geist sich hält,
bleibt unverrückt in allen!

Wie gut ist's, wenn der Eigenwill'
gebrochen und gelassen, still
in Gottes Händen lieget!
Wie gut ist's, wenn der stolze Sinn
vor Gottes Gegenwart sinkt hin
und sich in Demut bieget!

Wie gut ist's, wenn der arme Geist,
der weit und breit herumgereist,
sein' rechte Heimat findet!
Wie gut ist's, wenn er inniglich,
in freier, reiner Liebe sich
mit Gottes Geist verbindet!

Gott ist nahe

Gott ist nahe denen,
die auf ihn sich lehnen
und vertrauen bloß,
die als arme Sünder,
die als schwache Kinder
sinken in den Schoß,
der auch heut
noch angelweit
offen und ganz nah uns allen.
Laß dich drein ganz fallen!

Wär' ich auf der Reise
stark und schön und weise,
möcht' ich irregehn.
Starke sind vermessen,
Weise Gott vergessen,
Schöne sich besehn:
Armes Kind, sei bloß und blind,
tiefer nur in Gott verborgen,
laß die Mutter sorgen!

Nun, ich lieb' die Kleinheit;
hätt' ich nur die Reinheit,
die den Kindern ziemt!
Könnt' ich so ergeben,
grundeinfältig leben,
wie man Kinder rühmt!
Jesu mein,
laß mich allein
dich im Grunde lebend sehen,
so wird's bald geschehen!

Wo läuft mein armes Herz denn hin?

Wo läuft mein armes Herz denn hin,
verirrt auf fremder Straßen?
Ach, daß sich noch mein dummer Sinn
so lang muß locken lassen!
O Jesu, bringe mich dir nah,
ich hör' zu deinem Häuflein ja,
du weißt, ich bin der Deine.

Komm, suche mich, ich bin so weit,
ich weiß dich nicht zu finden;
versammle mich, ich bin zerstreut,
ach, laß mich nicht dahinten!
Laß mich stets hören deine Stimm',
mein kindlich Schreien auch vernimm,
das ich zur Antwort gebe!

Ich kann mich selbst bewahren nicht,
ich bin ein Küchlein kleine,
beschirme mich nach deiner Pflicht
und laß mich nicht alleine:
Wenn Feinde kommen, steh' ich bloß,
ich schrei und kriech' in deinen Schoß,
sonst weiß ich nichts zu machen.

Doch wenn ich deine Stimm' nicht hör'
und deinen Zug nicht merke,
so kann ich nicht, wie ich mich kehr',
hinein durch eigne Werke.
Drum locke mich und breite mir
die Flügel aus, daß ich in dir
mich inniglich verberge!

Da kann ich ruhen sanft und still
und süßiglich erwarmen;
der Feind mag toben, wie er will,
ich lieg' in deinen Armen.
Wer bin ich Armer, denk ich dann,
daß ich in Jesu Flügeln kann
so sichre Zuflucht finden!

Du mußt von Gott nichts Arges denken

Du mußt von Gott nichts Arges denken,
er ist ganz Liebe, Güt' und Treu,
er hat nicht Lust, daß wir uns kränken
durch Schwermut und ihm bleiben scheu.
Denk, Gott will in dein Herz hinein,
drum muß es weit und offen sein.

Gott ist ein wonnesames Wesen,
ganz freundlich, stille, sanft und froh;
soll deine Krankheit recht genesen,
so muß dein Grund auch werden so.
Ei, diene Gott mit Freuden doch,
zeig, daß sein Dienst ein sanftes Joch!

Mit vielem Forschen durchzudringen,
bringt größern Schaden, als man glaubt;
Gott läßt sich mit Gewalt nicht zwingen,
bricht deinen Willen, nicht das Haupt.
Erwart nur in gelassnem Grund
der ew'gen Weisheit Zeit und Stund'!

Viel besser ist ein Handgeschäfte
als traurig sein beim Müßiggang.
Erquicke dann und wann die Kräfte
durch einen guten Lobgesang!
Vergiß dein Elend und dich freu
in Gottes Herrlichkeit und Treu!

Nimm auf dies Kreuz und alle Leiden
und trag es Jesu willig nach,
es folgen wesentliche Freuden
nach langem, bangem O und Ach.
Der Glaube muß durch Proben gehn
und glauben lernen ohne Sehn.

Geht, ihr Streiter

Geht, ihr Streiter,
immer weiter
durchs Verleugnen zum Genuß!
Auserkorne,

Hochgeborne,
standsgemäß man wandeln muß.
Wenn ihr Jesu Braut wollt werden,
werft den Kindern dieser Erden
ihren armen Dreck zu Fuß!

Wir verlachen
eure Sachen,
stoßen weg, was ihr begehrt.
Euer Schönes,
dies und jenes
achten wir nicht sehenswert.
Was euch herrlich, groß und wichtig,
ist für uns zu schlecht und nichtig,
euer Ballast uns beschwert.

Geld und Güter
der Gemüter
güldne Strick' und Fesseln sind.
Lobt und schmeichelt,
bückt und heuchelt,
lästert auch, es ist nur Wind!
Süßes Gift sind eure Lüste,
Luftgebilde in der Wüste,
wo man glänzend Elend find't.

Unser Sehnen, unsre Tränen
trösten mehr als eure Freud';
könnt't ihr sehen
und verstehen
die verborgne Seligkeit,
ihr würd't eurem Tand entlaufen
und mit dem verschmähten Haufen
wandern nackt zur Seligkeit.

Christus für uns und Christus in uns

Man rechnet Gerhard Tersteegen unter die Mystiker, und wir haben gehört, wie sehr er die mystische Theologie geschätzt hat. Wenn ein Christ zur Mystik neigt, macht ihn das für viele gleich verdächtig. Man behauptet, er habe dann den Boden des neutestamentlich-reformatorischen Glaubenszeugnisses verlassen. Dieses schlichte Büchlein kann sich natürlich nicht anmaßen, in das theologische Gespräch über die Mystik einzugreifen und zu diesem Thema irgend etwas Neues zu sagen. Denen, die leidenschaftlich erklären, daß mystische Frömmigkeit zu biblischem Heilsglauben in radikalem, unversöhnlichem Gegensatz stehe, treten andere entgegen, die am Neuen Testament und besonders an Johannes und Paulus nachzuweisen versuchen, daß es das Recht und die Möglichkeit einer christlichen Mystik gibt.

Das Wort „Mystik" hat seinen Ursprung in einem griechischen Tätigkeitswort, das „die Augen schließen" bedeutet. Der Mensch soll sich der Sinnenwelt verschließen und sich zum Wesentlichen, Eigentlichen, Göttlichen kehren. Rückzug ins Innere der Seele ist der Weg zu göttlicher Erleuchtung. Die Religionen haben überall geheime und geheimnisvolle kultische Zeichen und Handlungen entwickelt, die helfen sollen, die Seele zur Begegnung mit dem Göttlichen zu bereiten. Das Göttliche – wo findet es der Mystiker? Überall. Es strömt durch das All, es erfüllt den Grund der Seele. In mystischem Erleben verschwindet je und je der Unterschied, der Abstand zwischen Gott und Welt, Schöpfer und Geschöpf. Die Seele erfährt sich in ihrer Gottgleichheit, in ihrer Einheit mit dem Göttlichen. So sieht Mystik – auf eine kurze Formel gebracht – im Bereich der Religionen weithin aus. Solche Frömmigkeit hat in der Tat mit neutestamentlichem Christentum und mit der Botschaft unserer Reformatoren nichts gemein. Und wenn sich das, was man Tersteegens Mystik nennt, auf diesem gefährlichen Feld der Verschmelzung von Seele und Gott bewegen würde, hätte sie in der Tat in der evangelischen Christenheit kein Heimatrecht.

Aber Tersteegen kennt *keine Mystik der Verschmelzung*. Seine Frömmigkeit ist zwar eindeutig charakterisiert durch eine ganz innige Gottesgemeinschaft. In der Gegenwart Gottes leben und wandeln – das ist Tersteegens Element. Aber dieser Gott ist immer das große, heilige Du, dem der Mensch sich in Ehrfurcht naht, vor dem er stille wird, das er anbetet. Der Abstand zwischen Schöpfer und Geschöpf ist nie in Gefahr, übersprungen und aufgehoben zu werden. Wie häufig kommt bei Paulus die Formel vor: „In Christo"! Der Gläubige lebt in Christus, Christus nimmt in den Seinen Wohnung. In den Reden des

Johannes-Evangeliums ist es der Heiland selber, der das Verhältnis „Ich im Vater“ und „Der Vater in mir“ ausweitet auf die Beziehung „Ich in euch“ und „Ihr in mir“. Auf Grund solcher Ausdrucksweise haben manche Forscher und Ausleger von der Mystik des Neuen Testaments gesprochen.

Diese Mystik ist dann nichts anderes als das Wunder der innigen Gemeinschaft, in die Gott den an Christus Glaubenden aufnimmt. Dem Glaubenden schenkt sich Gott selbst zu eigen; kann dieser dann einen andern Wunsch haben, als ganz für Gott da zu sein? *„Ganz für Gott sein, ist das wahre Geheimnis des inwendigen oder mystischen Lebens, wovon sich die Leute so seltsame und fürchterliche Bilder machen“*, sagt Tersteegen. Und ein anderes Mal erklärt er die mystische Theologie *„als das Verhalten einer gläubigen Seele gegen Gott und das Verhalten Gottes gegen die gläubige Seele. Das Verhalten Gottes ist, daß er der Seele durch die Erlösung in Jesus Christus nahekommt, um sie zu verklären und zu sich zu ziehen. Die Seele aber, die sich der Erlösung durch Christus freut und getröstet, wie mag sie sich ihrem Erlöser gegenüber anders verhalten, als daß sie ganz ihrem Gott und Heiland angehört!“ – „Das Wandeln mit Gott, wandeln als mit Gott allein, wandeln als vor seinem Angesicht und die Augen geschlossen halten vor allem, was nicht Gott ist, das ist die alte, unverfälschte Gottseligkeit.“*

Tersteegen hat eine große Vorliebe für mystische Schriften gehabt. Vor allem hat er sich mit der sogenannten „quietistischen Mystik“ beschäftigt. Es ist das eine in den romanischen Ländern beheimatete Form der Mystik, deren beredteste Vertreterin die von Tersteegen so geschätzte französische Katholikin Madame de Guyon gewesen ist. Es geht darin um die Gelassenheit, um das Freiwerden der Seele von allem, auch von den frommen Wünschen. Die Seele muß den mystischen Tod sterben, ihr Verhältnis zu Gott ist der amour désintéressé, die „uninteressierte Liebe“, die nichts von Gott begehrt, die sich auch mit dem Verworfensein und den Höllenstrafen abfindet, wenn Gott es so verfügt. Die katholische Kirche hat die quietistische Mystik schroff abgewiesen. Tersteegen hat sich um ihre Ehrenrettung bemüht. Wir können ihm dabei unmöglich in allem folgen.

Daß er bei seinen mystischen Freunden die starke Sehnsucht nach wirklicher Gottesgemeinschaft spürte, wie sie innerster Trieb seiner Frömmigkeit war, das ließ Tersteegen manches

Dunkle, Gefährliche, Unevangelische übersehen. Allerdings hat er an seinen mystischen Vorbildern bewußt oder unbewußt Kritik geübt, indem er manche ihrer gewagten Bilder und Formeln in seinen Übersetzungen milderte oder wegließ. Das Verhältnis Tersteegens zur quietistischen Mystik hat Friedrich Winter in seinem schon früher genannten Buch gewissenhaft untersucht. Sein Ergebnis lautet, daß die Frömmigkeit Tersteegens nirgendwo anders als in der evangelisch-neutestamentlichen Botschaft wurzelt.

Tersteegen sah in der Theologie und Kirche seiner Zeit weithin eine unfruchtbare, in toter Dogmatik erstarrte Rechtgläubigkeit herrschen. Man redete viel von der Rechtfertigung des Sünders, verschwieg aber in der Verkündigung und verleugnete es in der Lebensführung, daß die Rechtfertigung nicht von der Heiligung getrennt werden kann. Demgegenüber vertrat Tersteegen das neutestamentliche und reformatorische Anliegen, daß die Vergebung durch Christus zum Wandel vor Gott treibt, daß der Christus, der für uns starb, in uns leben und uns mit göttlichen Kräften erfüllen will.

Der Christus für uns hat für die quietistische Mystik wenig bedeutet. Der Mensch gewordene Gottessohn, der am Kreuz uns zugute stirbt, und durch den wir Vergebung der Sünden und den Zugang zum Vater haben – der tritt ganz zurück hinter Christus, dem Vorbild und der wirkenden Kraft in der Seele. Mit welcher Klarheit und Entschiedenheit Tersteegen das Verdienst Jesu Christi rühmt und unser Heil auf sein Versöhnungswerk stellt, sei an etlichen Aussprüchen gezeigt:

„Es ist nichts im Himmel und auf Erden, weder in uns noch außer uns, das uns gründlich heilen, heiligen und befriedigen kann als allein die in Jesus Christus eröffnete Liebe und Gnade Gottes."

„Gelobt sei der holdselige Name Jesus, in welchem dir eine völlige und ewige Versöhnung aller deiner Sünden aus purer Gnade geschenkt ist und ein freimütiger Zugang zu Gott im kindlichen Geist!"

„Die erste Hauptwahrheit, welche unser liebster Heiland uns eindrücken will, ist diese: daß wir armen Sünder die Vergebung unserer Sünden, die Gunst unseres Gottes, den freien Zugang zu Gott und seinem Himmelreich durch keinen andern Weg suchen, erwarten und zu erlangen begehren sollen als allein durch das heilige Leiden unseres liebsten Heilandes

Jesus Christus ... Es muß das Blut des Sohnes Gottes allein unsere Hoffnung und unser Trost sein, darin allein müssen wir die Vergebung unserer Sünden suchen und finden; durch denselben, durch dessen Blut, durch dessen Opfer allein müssen wir allen freimütigen Zugang zu Gott und seinem Himmelreich im Leben und im Sterben suchen und erwarten."

Seite um Seite könnten wir füllen mit Aussprüchen Tersteegens, die alle beweisen: dieser reformierte „Mystiker" hat keinen andern Trost im Leben und im Sterben gewußt und gewollt als den, den der Heidelberger Katechismus in seiner bekannten ersten Frage preist: „Was ist dein einiger Trost im Leben und im Sterben? Daß ich mit Leib und Seele, beides, im Leben und im Sterben, nicht mein, sondern meines getreuen Heilandes Jesu Christi Eigen bin, der mit seinem teuren Blut für alle meine Sünden vollkömmlich bezahlet und mich aus aller Gewalt des Teufels erlöset hat."

Aber dann hat Tersteegen darauf gedrungen, daß der Trost der Rechtfertigung in der Zucht der Heiligung sich als echt erweise und nicht zum billigen Geschwätz und Ruhekissen entarte. Christus hat nicht nur die Schuld der Sünde vergeben, sondern er kann und will auch von der Macht der Sünde befreien und den Menschen zu einem Wandel zur Ehre Gottes erneuern. Tersteegen sagt: *„Bald will man nichts hören als von Christo für uns und bald nichts als von Christo in uns, da doch Christus nicht geteilet ist noch geteilet werden kann."* Christus für uns – das ist die Grundlegung des Heils, das ist aber auch Grund und Ermöglichung für das Wirken des Christus in uns: *„Lasset uns erkennen, daß, wenn wir keinen Jesum für uns hätten, wir nimmermehr einen Jesus in uns bekommen würden!"* Christus ist für uns ans Kreuz gegangen, er ist auch uns zugute auferweckt worden, der Gekreuzigte ist der Erhöhte, von dem die Ströme der Kraft und des Lebens in seine Jünger einströmen:

„Jesus, der Auferstandene, hat eine Fülle der Kraft, des Segens und Lebens für mich erworben, daß kein Jammer so groß sei, daß er keinen Rat wisse, und keine Banden der Sünden noch des Todes so hart seien, die er nicht zerbrechen könne und gern wolle. – Christus ist nicht allein gekreuziget und gestorben, sondern auch auferweckt und gen Himmel gefahren, um uns zu heiligen durch die Mitteilung seines Geistes, des

Lebens und der Heiligung und uns mit sich himmlich gesinnt zu machen."

In solch enger Verknüpfung von Rechtfertigung und Heiligung weiß sich Tersteegen ganz einig mit dem Zeugnis der Apostel und der alten Kirchenlehrer:

„Hätte ich so viel Zeit und Kräfte als Neigung, ich würde aus einer ganzen Reihe Kirchenlehrer, so auf die Zeiten der Apostel gefolget sind, zeigen können, daß dieselben ganz anders geredet haben, als viele aus einem unbescheidenen Treiben in diesen Tagen tun. Der einzige Hauptgrund der ersten Christen sowohl als der Apostel war Jesus Christus, dessen Menschwerdung, Tod und Auferstehung und die damit verknüpfte Versöhnung, Gnade und Geist. Und auf diesen Grund bauten sie ein ernstliches, verleugnendes, inwendiges, geistliches Christentum, da Christus selbst in ihnen wirkte und lebte. Sie wußten und bezeugten, daß Christus sie erlöst hatte vom Gesetz der Sünde und des Todes; aber sie wußten auch und achteten es für ihre Gottseligkeit, daß er sie gebracht hatte unter das Gesetz seiner Gnade und seines Geistes, der da lebendig macht in Christo Jesu. Sie glaubten nicht nur, daß Christus dahingegeben sei um unserer Sünden willen, für solche genug zu tun und die Vergebung derselben zuwege zu bringen, sondern auch, daß er auferwecket sei um unserer Rechtfertigung willen (Röm. 4, 25), das ist, um uns wirklich gerecht zu machen."

In der Kraft des Kreuzes und der Auferstehung geht der Christ den Weg der Selbstverleugnung. Es ist der Weg, auf dem Gott in seinen Gläubigen Wohnung nimmt und sie seiner Herrschaft immer völliger unterwirft. Heiligung ist für Tersteegen alles andere als die optimistische Selbstbemühung des frommen Menschen um die Hebung seines sittlichen Charakters. In der Heiligung ist die Gnade am Werk, und in ihrem Vollzug und Fortschreiten muß Gottes Hand gerade durch Leiden seine Kinder reinigen. Darauf hat Tersteegen immer wieder nachdrücklich hingewiesen, daß Heiligung und Leiden zusammengehören:

„Es irren nicht allein diejenigen, welche sich das Verdienst Christi und die Verheißungen des Evangelii ohne Buße und Sinnesänderung zueignen und eine solche selbstgewirkte Zueignung für den Glauben halten, auch die andern bleiben vom Ziel zurück, welche nach Erfahrung einiger Gnadenblicke oder

auch der wirklichen Vergebung ihrer Sünden flugs meinen, nun seien sie auf ein Mal fertig, und es läge ihnen weiter nichts ob, als nur von ihrem versicherten Heil zu singen und zu sagen und dem Heiland Seelen zu gewinnen.

Es ist wohl an dem, daß, wenn eine bußfertige Seele des Reichtums göttlicher Barmherzigkeit in der Vergebung ihrer Sünden wahrhaftig teilhaftig wird, selbige alsdann merklich spüre, daß sie, unangesehen ihrer Sünden und Unreinigkeit, dennoch Hoffnung und Vertrauen zu Gott haben möge, und daß er ihr, anstatt der verdienten Strafe, Gunst und Gnade widerfahren lasse. Allein, wo sie nur mit ihrem Herzen in dieser Gnade bleibet, da wird sie bald inne, daß dieselbe kein so vorübergehendes oder totes Ding sei, sondern eine lebendige oder geschäftige Kraft des Geistes Jesu, wodurch sie (Titus 2, 11. 12) unterwiesen wird, wie und was sie zu verleugnen habe, und welchergestalt sie züchtig, gerecht und inwendig gottesdienstlich vor ihrem Gott wandeln und eben wegen der noch bevorstehenden (2. Kor. 7, 1) großen Verheißungen sich reinigen müsse von allen Befleckungen des Fleisches und des Geistes und ihre Heiligung vollbringe in der Furcht Gottes.

Zwar können und sollen wir's nicht so in eigener Kraft tun, sondern die Gnade tut's, der wir aber Raum geben und im Glauben gehorsam werden müssen. Und das erfährt auch die Seele unter solcher Arbeit und bei anwachsendem Licht immer mehr, daß ihre besten Bemühungen nicht zulänglich seien, die tiefen Wurzeln ihrer Selbstliebe und den Abgrund ihres Verderbens auszurotten. Dazu muß Gott selbst noch sonderlicher seine Hand anlegen, um eben diese fruchtbringenden Reben zu reinigen und solche Seelen auserwählt zu machen im Ofen des Elends (Jes. 48, 10).

Nun ist es aber so fern, daß solche Wege der Reinigung und der Vollendung unserer Heiligung dem alleinigen Bauen auf Christi Verdienst und pure Gnade sollten entgegen sein, daß vielmehr in und durch dergleichen göttliche Führungen diese große Wahrheit immer mächtiger in der Seele erhöht und verkläret wird von einer Klarheit zur andern, indem ihr das verdeckte Bauen und Stützen auf sich selbst und auf alles, was im Geistlichen nicht bloß Christus und sein Werk ist, immer tiefer aufgedeckt und weggeschmolzen und die Seele also zubereitet wird, sich immer gründlicher zu verlassen und völlig in Christo erfunden zu werden: da sie dann nicht mehr lebet, sondern bloß Christus in ihr (Gal. 2, 20). Fürwahr, wer durch einige Erfahrung die auf diese Leiden in Christo folgende Herrlichkeit (1. Petr. 1, 11) erkannt hat, der wird sich nicht lange wider diese heilsame Kreuzeslehre wehren, sondern sie gerne mit zum Evangelium nehmen."

Ist irgendetwas unbiblisch, unnüchtern und verstiegen an dem, was Tersteegen über die Heiligung sagt? Er will wirklich nichts anderes, als daß der Glaubende das ganze Werk Christi erfährt. Sein ganzer Trost ist die Vergebung der Sünden, die uns der Mann am Kreuz schenkt. Sein heißes Verlangen geht darauf aus, daß die Gnade die Kraft der Verwandlung und Erneuerung in seinem Leben sei und er Gott durch Gehorsam ehre. Geseufzt hat Tersteegen sein Leben lang darunter, daß er noch nicht genug gereinigt war, und noch in den letzten Leidenstagen hat er demütig die Hand Gottes willkommen geheißen, damit sie alles Eigene und Ungöttliche an ihm wegschmelze. O ja, er hatte Recht und Grund, gegen die Lehre und Praxis der billigen Gnade *das ganze Werk Jesu Christi in Rechtfertigung und Heiligung zu stellen!* Echt, grundecht, göttlich gewirkt und immer mehr vertieft, frei von frommer Verkrampftheit, ohne allen Eigenruhm, so ist Tersteegens Heiligungssehnsucht gewesen, wie sie sich in dem Vers zusammenfaßt: *„In Wort und Werk und allem Wesen sei Jesus und sonst nichts zu lesen!"*

Nur Gott und sein Wohlgefallen

Wenn man Tersteegens Aussagen über die Heiligung liest, dann stößt man immer wieder auf die Tatsache, daß er sowohl vom Werk Christi wie vom Werk Gottes, von der Innewohnung des Sohnes wie des Vaters reden kann. Was Gott tut und was Christus tut – wie könnte das auch logisch geschieden werden? Wo Christus ruft und wirkt, da ruft und wirkt Gott. Tersteegen macht Ernst mit dem Wort Christi: Ich und der Vater sind eins.

Und Tersteegen macht Ernst, gründlich und ergreifend Ernst mit dem Satz des Paulus, daß alle Wege und alles Wirken Gottes und seines Christus in der Erlösung und in der Heiligung *die volle und ewige Verherrlichung Gottes* zum Ziel haben. Gott soll sein alles in allem. Keine andere Seligkeit konnte sich Tersteegen denken als die, daß in Jesus Christus Gott selber eine wirkliche und ganze Gemeinschaft mit den Menschen sucht und eingeht. Kein anderes Ziel sah er sich im Leben des Glaubens und der Heiligung gestellt, als in der Gegenwart Gottes zu sein, unter den Augen Gottes zu wandeln.

Tersteegen sieht die Menschen dem Vergänglichen zugewandt, bloß mit dem Zeitlichen und Geschaffenen beschäftigt. Da faßt ihn die große Trauer – nicht nur im Blick auf die sogenannten „Weltmenschen", sondern auch und gerade hinsichtlich einer Christenheit, die Gott nur mit den Lippen ehrt, ihm aber mit dem Herzen ferne ist –, daß die Menschen ihrer Seele versagen, was diese tief innerlich sucht: die Seligkeit, die Erfüllung, die Heimat in der Gemeinschaft mit Gott. Darum bittet und beschwört er:

„O Mensch, stehe doch ein wenig stille und bedenke mit Ernst deinen hohen Adel, wozu du geschaffen und von Gott in diese Welt gesetzt bist! Du bist nicht für die Zeit und für die Kreatur, sondern für Gott und für die Ewigkeit geschaffen und dich mit Gott und mit der Ewigkeit zu beschäftigen. Du bist eben dazu in dieser Welt, um diesen deinen Gott und dessen seligmachendes Angesicht, wovon du dich durch die Sünde abgewandt und zur Kreatur gekehret hast, wieder zu suchen, damit du dadurch gründlich geheiliget und erleuchtet und Gott in dir und du in Gott Freude, Lust und Frieden haben möchtest.

In diesem Einigen liegt dein zeitliches und ewiges Heil und Wohlsein, das dir kein Ding außer Gott geben kann. Die äußeren Bilder dieser Welt können deinen äußeren Menschen kaum vergnügen in dieser kurzen Zeit deines mühseligen Lebens: inwendig aber hast du einen Hunger, der nicht gestillet, ein Auge, das nicht gesättigt, ein Gemüt, das nicht befriedigt wird als durch den allgenugsamen, unendlich liebenswürdigen Gott."

„Ach du liebens- und lobenswürdigstes Wesen! Wie wenig wirst du erkannt, wie wenig wirst du geliebet und gelobet in diesen finstern Zeiten! Du bist uns so nahe, wir leben und schweben immer vor dir und in dir, du denkest an uns, du stehest an unsers Herzens Tür und willst dich unsern Seelen mitteilen. Ach, was machen doch deine Geschöpfe! Wir vergessen deiner, wir lassen dich da, o du allein vergnügende

Quelle des Lebens, und beschäftigen uns mit den geringen, nichtigen Dingen dieser Erde, die nichts Wesentliches haben noch geben können und wie ein eitler Schatten vorbeigehen. Dennoch achten wir solche Dinge, als wenn sie groß und wichtig wären. Du aber bist uns, als wenn du fast nicht wärest, wenigstens als wenn du nicht derjenige wärest, der du bist, nämlich das unendlich herrliche und vollkommene Wesen, das höchst liebenswürdige und allein seligmachende Gut. Dich lobet man mit den Lippen und ehret dich mit dem Munde; den Kreaturen aber räumt man sein Herz ein.

Ach, wie kläglich und entsetzlich ist die große Blindheit und Verderbnis der Kinder der Menschen! Haben wir denn kein Mitleid mit uns selber, ach, so habe du Mitleid mit uns! Schieß einen hellen Strahl deines Lichtes in unsere verfinsterten Herzen und offenbare dich unsern Seelen ein wenig in deiner Herrlichkeit und Liebenswürdigkeit: damit wir uns und alle Eitelkeiten dieser Welt mögen verleugnen und vergessen, hingegen uns allein mit dir beschäftigen und mit unserm Geist und allen Seelenkräften dich innigst anbeten, erheben, loben und lieben unser ganzes Leben lang, bis wir das große Glück haben werden, mit allen himmlischen Heerscharen und Erkauften von der Erde vor deinem Thron niederzufallen und mit ihnen das neue Lied anzustimmen und dich anzubeten, der du lebest von Ewigkeit zu Ewigkeit!"

Gott, das unendlich herrliche und liebenswürdige Wesen, Tersteegen hat ihn wahrlich nicht nur mit den Lippen genannt. Tersteegen hat mit ihm in inniger Gemeinschaft der Liebe gelebt. *Die Innewohnung Gottes in der Seele* war ihm das seligste Geheimnis seines Glaubens. Gott war ihm so nahe, so unendlich nahe, seine Gegenwart war ihm frohe Gewißheit. Darin unterschied er sich aber gründlich von vielen Mystikern, gerade auch von denen, die er so sehr verehrte, daß seine Vereinigung mit Gott nie ein seelisches Zerfließen war, sondern immer die Gemeinschaft des Abstandes mit dem heiligen, höchsten Du. *Diese Gemeinschaft war immer nur im Glauben an Christus gegeben,* aber darin auch wirklich und wesenhaft geschenkt. Gott in uns und wir in der Gegenwart Gottes – für diese seligste Sache kannte Tersteegen keinen andern Grund und Ursprung als diesen: Christus ist für uns.

Von einer *dreifachen Gegenwart Gottes* hat Tersteegen zu sagen gewußt:

„Die Heilige Schrift redet erstlich von der Allgegenwart Gottes. Davon heißt es: Bin ich nicht ein Gott, der nahe ist, spricht der Herr, und nicht ein Gott, der ferne ist? Bin ich's nicht, der Himmel und Erde füllet? Wo soll ich hinfliehen vor seinem Angesicht? In ihm leben wir, bewegen wir uns und sind wir. Er gibt jedermann Leben und Odem allenthalben. Diese Allgegenwarf Gottes macht an und für sich selbst niemand selig, so wichtig diese große Wahrheit auch ist, sondern je nachdem ein Mensch beschaffen ist. Wer böse ist, Böses tut, Böses redet, denkt, wünscht, der sündigt in der Gegenwart Gottes. Mein Gott, wie so greulich und abscheulich ist das! Wer gut ist, Gutes tut, Gutes redet, denkt, begehrt, solches weiß, solches sieht Gott den Augenblick aufs gewisseste.

Die zweite Art der Gegenwart Gottes, wovon die Schrift redet, ist die günstige oder Gnadengegenwart Gottes. Davon heißt es: Das Himmelreich ist nahe herbeigekommen, ja, es ist inwendig in euch. Siehe, ich stehe an der Tür und klopfe an, usw. Suchet den Herrn, weil er zu finden ist; rufet ihn an, weil er nahe ist! Siehe, ich bin bei euch alle Tage bis an der Welt Ende! Kraft der Menschwerdung, des Todes und der Verklärung Jesu Christi ist uns Gott ein Immanuel, ein Gott mit uns und in uns geworden. Das ist der Kern des wahren Evangeliums, der doch so wenig von Herzen geglaubt und gründlich erfahren wird.

Die dritte Art der Gegenwart Gottes ist die innewohnende Gegenwart Gottes, welche eine Folge und Frucht der vorigen zweiten Art ist. Davon spricht der Herr: Ich und der Vater wollen zu dir kommen und Wohnung bei dir machen. Ich will in ihnen wohnen und in ihnen wandeln. Ich in ihnen und sie in uns, auf daß sie vollendet seien in eines (Joh. 17, 21. 23). Und wie der Apostel spricht: Ihr seid der Tempel des lebendigen Gottes. O wie so wenig werden die hohen Absichten Gottes über uns erkannt, wie so selten werden sie gebührend geschätzt! Dieses, so man auch mit Nachdruck den Stand der Vereinigung nennt, ist das Ziel und der Endzweck der ganzen Heiligen Schrift, ja unserer Schöpfung und Erlösung."

Sich mit Tersteegen beschäftigen, das heißt auf Schritt und Tritt einem Mann begegnen, der von der dritten Art der Gegenwart Gottes nicht theoretisch als von einer frommen Möglichkeit geredet hat, sondern der in ihr als einem gegenwärtigen Gnadenbesitz geweilt hat und gewandelt ist. Die größten und zartesten Stunden seines Lebens waren die, wo er in der Gegenwart Gottes betend, anbetend stille war. Zwar war ihm die Gewißheit der Gegenwart Gottes nicht auf die Stunden des betenden Umgangs beschränkt, sondern er pries die Vereinigung mit Gott als den Grundton, der das ganze Leben des an Gott in Christus hingegebenen Menschen durchzieht. Ob man mit Menschen umgeht, ob man seinen Beruf ausübt – das mit Gott Vereinigtsein wird davon nicht berührt. Wenn Tersteegen mit seinen Freunden zusammensaß und sich mit ihnen unterhielt – wobei er wahrlich nicht den Eindruck eines geistig Zerstreuten oder Abwesenden machte –, dann merkten diese oft: ja, er ist bei uns, aber er ist auch noch woanders. Einer sprach das einmal ihm gegenüber aus, und er erhielt die Bestätigung: ja, während ich eben mit dir sprach, war in meiner Seele ein ständiges Sich-Beugen vor der Majestät Gottes.

Diese Gemeinschaft mit Gott, diese Gegenwärtigkeit Gottes, wie sie dem an Christus Glaubenden geschenkt ist, aufzuheben – dazu reicht die Macht des Teufels, der Schwachheit, der Anfechtung, des Leidens, der Arbeit nicht aus. Nur wenn wir tätlich sündigen, und solange wir uns mit unserm Willen nicht klar von der Sünde scheiden, ist die Gemeinschaft unterbrochen. Neben der Gemeinschaft mit Gott als dem Grundverhältnis, in dem der Glaube lebt, kennt Tersteegen dann die Vereinigung der Andacht. Das ist das selige Geheimnis jener Stunden, in denen wir uns von den Menschen und den irdischen Geschäften zurückziehen in die betende Stille vor Gott. Solche Stille ist Tersteegens Element gewesen. Wenn er aus ihr wieder sich dem Wirken und dem Umgang mit Menschen hingab, dann war der Glanz Gottes um ihn, so wie einst Moses Angesicht leuchtete, wenn er aus der heiligen Hütte zum Volk zurückkehrte.

Von einer weiteren Art der Vereinigung mit Gott kann Tersteegen noch reden:

„Das ist die empfindliche und wahrnehmliche Vereinigung; sie hängt so gar von Gott ab, daß weder wir selbst noch ein Geschöpf uns solche geben kann. Was uns Gott gibt von dieser Vereinigung, sollen wir zwar mit Respekt und Dank annehmen, gerade wie ein Reisender, der sich freut beim schönen Wetter, aber auch bisweilen mehr faulenzt als beim stürmischen

Wetter; an dieser empfindlichen Vereinigung ist unser Heil und Fortgang am allerwenigsten gelegen."

Besondere Stimmungen, Rührungen und Gefühle hat Tersteegen also nicht als Merkmale einer wesentlichen Gottesgemeinschaft angepriesen. Wer Jesus im Glauben und im Geist anhängt, der hat Gemeinschaft mit Gott und ist in ihr selig und bedarf nicht des ständigen Haschens nach besonderen Erfahrungen und Erlebnissen. Tersteegen hat sich auch mit der Frage beschäftigt, was von *außerordentlichen Geistesgaben, Gesichten und Offenbarungen* zu halten sei. Er hat durchaus nicht bestritten, daß Gott sich darin kundtun kann. In seinen „Lebensbeschreibungen heiliger Seelen" berichtet er viel, zu viel und zu unkritisch, davon. In den folgenden Sätzen aber sagt er uns erfreulich deutlich, wo das Wichtigere und das Eigentliche zu suchen sei:

„Man muß gestehen, daß der Weg des reinen Glaubens, da eine Seele dem Zug des Geistes Jesu in ihrem Grunde folgend sich ausführen läßt aus sich selbst und allem Geschaffenen, um Gott im Geist und in der Wahrheit anzuhangen, zu dienen und seiner Gemeinschaft teilhaftig zu werden, der unbetrüglichste, sicherste, auch unentbehrlichste sei, und daß hingegen derjenige Weg, da die Seelen über und neben dem auch andere außerordentliche Gnadengaben, Lichter, Entzückungen, Offenbarungen und andere übernatürliche Mitteilungen erfahren, mancherlei Betrug und Gefahren in diesem Teil unterworfen sei.

Man muß die Gemüter nachdrücklich warnen, auf daß sie sich keine außerordentlichen Dinge gelüsten lassen, damit sie nicht betrogen werden, und wo sie dergleichen haben, sollen sie sich sehr vor allem Selbstgefallen in acht nehmen, weil solche Sachen an und für sich selbst uns nicht besser oder Gott angenehmer machen, daß sie auch nicht bei solchen Dingen zu sehr stehenbleiben, sondern nur einen guten Gebrauch davon machen und sodann da vorbeigehen sollen, zum Wesentlichen der wahren Bekehrung, Erneuerung des Herzens und Vereinigung mit Gott, durch Glauben und Liebe."

Die Verse des „Blumengärtlein" kreisen immer wieder um das Thema: Nur Gott und sein Wohlgefallen. Sie rufen weg von allen Bindungen an das Geschaffene, weg von aller Selbstliebe und Eigenheit und Menschengefälligkeit. Sie zeigen, wie die Überlassung an Gott der Seele den Frieden bringt, sie in ihre wahre Heimat einführt. Eine Mahnung stehe hier für viele:

Du mußt dich selber hassen
und Gott dich gründlich lassen,
ihn lieben fest und rein.
Stets trachten, ihm in allem
aufs beste zu gefallen,
laß deine Freude sein!

Laufen Menschen, die mit dieser heiligen Einseitigkeit wie Tersteegen den stillen Wandel in Gottes Gegenwart und Wohlgefallen suchen, nicht Gefahr, zu übersehen, wie mannigfach Gottes Gaben und Ansprüche in der Welt und den vielen Bereichen des Lebens sind? Stiller Wandel mit Gott – kann darüber nicht vergessen werden, daß wir zum Wirken fürs Reich Gottes in dieser Welt sind? Wir haben gesehen, daß Tersteegens Leben sich nicht in der Abgeschiedenheit vollzog, die ihm seine Neigung wohl nahegelegt hätte. Sein seelsorgerliches Wirken hat eine außergewöhnliche Wirkung in die Breite und in die Tiefe gehabt. Aber das volle Verständnis für solche Kraft- und Tatmenschen, wie es etwa Luther und der Graf Zinzendorf waren, ist Tersteegen abgegangen. Er war doch ein anderer Typ. Die Brüdergemeine hat mit Tersteegen Verbindung zu knüpfen versucht. So sehr er bereit war, die Mystiker aller Schattierungen gelten zu lassen, gegen die Herrnhuter hin hat er abgewinkt. Nun gab es allerdings in der Brüdergemeine der ersten Jahrzehnte manche Wunderlichkeiten und Verwirrungen, die z. B. auch den großen württembergischen Bibeltheologen Bengel zurückhaltend und mißtrauisch machten. Aber Zinzendorf und Tersteegen waren wohl in ihrer ganzen Struktur zu verschieden, als daß sie sich hätten finden können. Zinzendorf war voll von oft ungestümen Plänen für das Reich Gottes. Solche unruhige missionarische Aktivität war dem stillen Seelsorger Tersteegen fremd. In den so ganz anderen Typ konnte er sich nicht finden. Und wie waren doch beide Männer, Zinzendorf und Tersteegen, im Reich Gottes so nötig und so gesegnet!

Man hat bei Tersteegen auch den Eindruck, daß er die Gottesgabe, die dem Menschen mit seinem Leib gegeben ist, nicht recht erkannt hat. Wo er vom Leib spricht, da sieht er ihn eigentlich nur als Widersacher der Seele, als ihren Kerker und ihr Gefängnis, da sehnt er sich aus seinem Elend und seiner Schwäche heraus. Am Leib als Schöpfungskunstwerk freut er sich nicht, und seine künftige Verherrlichung in der Auferstehung tritt auch nur wenig in sein Blickfeld. Von der Ehe, in der es ja entscheidend um den rechten verantwortlichen und zuchtvollen Gebrauch des Leibes geht, hat Tersteegen bei weitem nicht den hohen Begriff gehabt wie Luther. In einem seiner früheren Briefe heißt es: *„Der ledige Stand macht uns an und für sich selbst nicht gefällig in Gottes Augen. Aber wer zu dem Ende ledig bleibt, daß er Gott desto ungehinderter möge ankleben und heilig sein, beides, am Leibe und im Geiste, der gefällt Gott."* Tersteegen ist selber ledig geblieben, aber er hat sich doch später zurückhaltender geäußert: *„In der Materie vom Ehestand bin ich ungeübt; von derselben habe ich keine besondere Einsicht und Eröffnung. Es können Fälle und Umstände sein, da man's umkehren und sagen muß: Es ist besser, ehelichen."*

So mag es sein, daß Tersteegen nicht alles wahrgenommen hat, was Gott an Gaben und Aufträgen für uns hat. Aber andererseits ist er der Gefahr nicht erlegen, daß das Hängen an den Gaben den Blick für den Geber, für Gott selbst, verdunkelt. Und im übrigen, wo hätte es unter Gottes Knechten einen gegeben, der in seiner Erkenntnis gar keine Lücken und in seinem Handel überhaupt nichts Unvollkommenes mehr gehabt hätte? Der stille Mann aus Mülheim hat und behält eine Botschaft, auf die gerade wir gehetzten und betriebsamen Leute heute hören sollten: daß es nur in der Gemeinschaft mit Gott wirkliches Menschsein gibt, und daß das Geheimnis der Kraft und des Segens die Stille vor dem gegenwärtigen Gott ist.

Hören wir Tersteegen nun noch einmal zu, wie er mit Gott redet! Geht es uns dabei nicht auf, wie alles Menschenleben im Schatten und Schein verirrt bleibt, das nicht in Gott zu seinem wahren Wesen erwacht?

„Was bin ich, und was ist alles? Wir sind nur, weil du bist, und weil du willst, daß wir sein sollen; arme Wesenlein, welche, in Vergleichung mit dir und vor deinem Wesen, eine Gestalt, ein Schatten und nicht ein Wesen genannt werden müssen. Mein Wesen und aller Dinge Wesen verschwindet gleichsam vor deinem Wesen, viel eher und mehr als ein Kerzlein im hellen Glanz der Sonne. Ach, wenn du auch mich also überwinden, also vernichten möchtest und das Gesicht von dir das Gesicht von mir, deine Hoheit meine Geringheit, dein übergroßes Licht mein kleines Licht, ja meine Finsternis, dein

reinstes Wirken mein so gebrechliches Wirken, dein Alles mein Nichts also übermeistern und gleichsam auslöschen möchte!

Ich bin nur eine Gestalt, ein armseliger Schatten, wenn du nicht in mir bist und ich in dir bin, wenn du nicht der Grund und das Wesen meines Wesens bist. Alles, was ich suche, was ich liebe, alles, was ich besitze, ist alles nur ein Schatten und ein Schein, nicht aber ein Wesen, wo ich nicht dich selbst suche und dich selbst liebe und dich selbst besitze, o du allein wesentliches Gut meiner Seele! Alles mein Tun, ja alle Bewegungen und Auswirkungen meiner inneren und äußeren Kräfte sind ein Schein und kein Sein, wo du nicht selbst der Grundanfang und der Beweger davon bist, o du ursprüngliches, allein wesentliches, gutes und unendlich fruchtbares Leben!

Doch was ich sage, ohne dich bin ich nicht nur ein bloßer Schein und Gestalt, sondern auch ein jämmerliches und erschreckliches Ungeheuer; und wenn ich durch mich selbst wirke, ist all mein Tun (wie gut und heilig es auch scheinen möchte) häßlich, ja sündlich vor deinem Angesicht; nicht nur darum, weil es aus mir selbst hervorkommt, der ich ganz sündlich und verdorben bin, sondern auch darum, weil ich mich selbst unterm schönsten Vorwand und Schein in allem meine, mir gefalle und mich erhebe und dergestalt mir selbst die Ehre zueigne, welche dir allein mit höchstem Recht zukommt. O das schreckliche Selbst! Ich entsetze mich recht vor mir selbst, wenn ich mich selbst ansehe, vor dem bloßen Angesicht deiner Reinheit. Ich bin durchdrungen mit Eigenheit, ich bin ganz Eigenheit, alle meine äußeren und inneren Bewegungen sind Eigenheit, alle meine (als meine) Tugenden sind Eigenheit und unrein vor dir.

O daß ich nicht mehr sein möchte und ich in mir selbst weder Leben noch Verstand noch Willen noch Gedanken noch einige Bewegungen mehr haben möchte und du, mein Gott, mein Jesus, alles in mir sein und wirken möchtest! Laß, o Herr, auf ewig in mir schweigen und stillestehen, was du nicht selbst in mir redest und wirkest! Verurteile und zernichte mir alles, was du nicht selbst bist, und was nicht das Deine ist! Nimm du die Stelle ganz ein, da ich jetzt bin, und tue in mir und durch mich, was vor dir gefällig ist! Laß das Ich nicht mehr sein, und sei du nur allein alles in allem, und führe mich dergestalt ganz aus mir selbst und aus all dem Meinen heraus in dich, o mein Gott, mein Ursprung und mein Ende! Sodann bin ich nicht mehr im Nichtwesen und Schein, sondern im Wesen und erlöst von allem Übel, zur ewigen Verherrlichung deines Namens."

Aus dem „Blumengärtlein"

Mein Geist gehört in Gott zu Haus,
drum kehrt er sich aus allem aus;
sein Vaterland heißt Ewigkeit,
drein senkt er sich aus Ort und Zeit,
da er im innig stillen Nun,
in Gott kann im Verborgnen ruhn.

Sobald du suchst in dir und im Geschöpf Genügen,
so kann dein armer Geist, glaub's, keinen Odem kriegen.
Du Unbarmherziger, laß deinem Geist doch Luft!
Gott ist sein Element, der dir so freundlich ruft.

Offenbarung, Wundergaben,
Trost und Süßigkeiten haben,
Ehre, Welt und Geld verachten,
vieles wissen und betrachten,
fasten, lesen, singen, beten
und mit Engelzungen reden:
alles dieses acht' ich nicht,
wo man nicht den Willen bricht.

Du hast Gott immerhin so viele Ding' zu sagen,
bald hätt'st du dieses gern, bald kommst du jenes klagen.
Laß ihm doch auch was Raum, schweig ihm ein wenig still,
und merk, was er dir sagt und von dir haben will!

Gott ist die Sonne, ich ein Strählchen seines Lichts;
trenn' ich von ihm mich ab, bin ich ein finstres Nichts.
Halt' ich mich stets an ihn, so wird mir Licht und Leben
und alle Tugenden sein stiller Einfluß geben.

Frag nicht, wo der Himmel sei! Geh aus der Eigenheit,
sonst bleibt dir, wo du bist, der Himmel fremd und weit.
Wer seinem Willen stirbt und Gott sich kann ergeben,
der wird auf Erden schon bei Gott im Himmel leben.

Was ist geschehn, mußt du nicht viel bedenken,
was kommen soll, ist auch nicht deine Pflicht:
der Augenblick, drin du dich Gott kannst schenken,
ist gar zu teu'r: o Seel', verlier ihn nicht!
Fürwahr, der ist bei Gott ein tief erfahrner Christ,
wer gründlich glaubt, daß er ein großer Sünder ist,
der, ganz entblößt in sich, auf pure Gnade trauet
und wie ein Bettler Gott stets nach den Augen schauet.

Eigenwillig, groß und klug,
solcher Mensch find't man g'nug.
Klein, einfältig, untertänig,
dieser Kinder sind gar wenig.

Verleugnung ist die Speis', Gebet das täglich Brot;
wenn eins von beiden fehlt, so leid' ich Hungersnot.

Wer Gottes Treu und Liebe kennet,
der weiß von keiner Mühe mehr,
Verleugnen er Vergnügen nennet,
des Kreuzes Schande seine Ehr'.

Eignes Forschen fasset nicht
Gottes Wahrheit, Werk und Licht;
nur ein klein und reines Kind
Gottes Wunder schlafend find't.

Ein Christ, der fürchtet nichts, nicht Not, noch Tod, noch Pein,
er fürchtet nur, daß er Gott mißfällig möge sein.

Was Gott von Ewigkeit und in die Ewigkeiten
getan hat und wird tun, drum will ich nicht viel streiten,
im Gegenwärtigen bleib' ich nur auf der Wacht.
Ich bin nur Kind im Haus, ich laß den Vater machen;
ihn lieben ist mein Werk, und er tut seine Sachen:
am Ende werd' ich's sehn, daß er es wohlgemacht.

Wer allen stets gefallen will,
ist ausgekehrt und nimmer still
und kann Gott nicht behagen.
Ich bin nur meines Gottes Knecht;
kann ich es ihm nur machen recht,
so mögen Menschen klagen.

Man suchet Gott, man wirkt, man läuft herum,
ach, liebet nur; laßt, was zerstreuet, fahren!
Ein stiller Geist ist Gottes Heiligtum,
da will er sich der Einfalt offenbaren.

Wen Schaden und Verlust der Dinge noch betrübt,
der hat sie nicht in Gott besessen und geliebt.

Verleugnen, glauben, streiten, leiden
ist unser Werk in dieser Zeit.
Genießen, sehen, ruhn in Freuden
wird folgen in der Ewigkeit.

Viel Forschen der Vernunft erreicht nicht Gottes Licht;
solang' du Sünde tust, kennst du die Wahrheit nicht.
Mach nur dein Herze leer und sanft und gottgelassen,
so kannst du leichtlich Gott und seine Wahrheit fassen.

Siehst du Fromme, siehst du Sünder,
denk alsbald aufrichtiglich:
Ich bin böser, schwächer, minder,
und leg unter alle dich!

Ich erwarte nicht Gesichter,
Wundergaben, hohe Lichter:
Kreuz und reine Liebe haben,
acht' ich mehr als alle Gaben.

Es ist so schön, sein Herz von allem scheiden,
noch schöner ist's, nach Gottes Willen leiden;
wer gar nichts ist, nichts hat, nichts kann,
der ist vor Gott der allerschönste Mann.

Jesus macht sich gern gemein,
warum willst du schüchtern sein?
Denk, ein Reicher und ein Armer,
ein Elender und Erbarmer,
deine Sünd' und Jesu Blut
schicken sich beisammen gut.

Wer dir zuwider ist, tut dir fürwahr kein Leid,
er führt mit deinem Feind, dem eignen Willen Streit.

Was geht's mich an, wie's jener macht,
und wie man sich auch gegen mich beträget?
Mach' ich's nur recht, bleib' ich nur auf der Wacht,
werd' ich nur klein, werd' ich nur reingefeget,
dann scheure jeder, was er kann,
Gott schenkt's, Gott lenkt's, ich lieb' den Mann!

Nein, das Kreuz ist keine Last
als der Seele nur, die's haßt.
Wer's mit Liebe will umfassen
und sich kindlich Gott kann lassen,
der mag bei des Kreuzes Pein
innig still und freudig sein.
Eigenwille, klage nur!
Murret, Sinnen und Natur!
Ihr müßt klagen, ihr müßt sterben,
wenn der Geist nicht soll verderben.
Kreuz ist gut und lieb und leicht,
weil es Gottes Liebe reicht.

Aus: „Der Frommen Lotterie"

Tu Gutes, doch begehre nicht,
daß man von deiner Tugend spricht!
Vergessen und verachtet werden,
sei dein Verlangen hier auf Erden!

Willst du dein eignes Herz bewahren,
so laß das Sehn auf andre fahren.
Wer viel von andern spricht und richt't,
der kennet noch sich selber nicht.

Der wahren Herzensdemut
kein Spott noch Leiden wehe tut.
Du willst was haben und was sein,
drum bringt dir dies und das noch Pein.

Du mußt das Kreuz und Sterben lieben,
und Gott schickt andre, die dich üben.
Ein Christ sich unter alles beugt,
der Sünde nur er nimmer weicht.

Ein ganz vergeßner Bürger sein,
von dem man nicht viel weiß noch höret,
nur Gott bekannt und Gott gemein,
so lebt man frei und ungestöret.

Du mußt Gott folgen ohn' Verstehen,
nicht immer fühlen, schmecken, sehen.
Wer glaubet, der gibt Gott die Ehr';
gefällst du ihm, was willst du mehr?

Vernunft will alles klar verstehen;
sie stößt sich immer, weil sie blind.
Willst du gerad und sicher gehen,
so werde wie ein kleines Kind!

Wer sich durch Lob nicht läßt erhöhen,
der bleibt auch ruhig beim Verschmähen.
Sei du der Menschen Urteil tot
und liebe Gott, so hat's nicht Not.

Wer sich nur halb an Gott will geben,
der führt ein rechtes Jammerleben.
Brich durch, es koste, was es will,
sonst wird dein armes Herz nicht still!

Wer immer an sein Elend denket,
verlieret alle Lust und Mut;
wer innigst sich in Jesum senket,
bei seinem Elend Wunder tut.

Oft gibt Gott Licht und Süßigkeiten
zur Stärkung in dem Kampf und Leiden,
oft läßt er uns in Dürre leben,
daß wir uns lernen rein ergeben.

Des Menschen Leben ist ein Traum;
man stirbt schon, und man lebte kaum.
O Mensch, bedenke doch dein Ende
und dich vom Traum zum Wesen wende!

Wenn man dich plagt, so segne doch;
wenn man dich haßt, so liebe noch!
Es kann ein guter Mensch auf Erden
durch böse Menschen besser werden.

Denk nicht an künftige Geschäfte;
wenn's da ist, gibt Gott Licht und Kräfte.
Im Vorrat hast du's ja nicht not,
was willst du mehr als täglich Brot?

Viel Wort, viel Last und viel Geschäfte
benimmt dem Pilger seine Kräfte.
Wer ohn' Ermüden reisen will,
der geht mit Gott ganz bloß und still.

Lern doch bedachtsam sein in allen,
die schnellen Läufer leichtlich fallen.
Ein Herzenskind auf Gott nur schaut
und geht ihm nach, weil's sich nicht traut.

Ein Mensch, der keine Liebe hat,
fragt viel nach Pflicht, Gebot und Rat.
Kann Jesu Liebe dich durchfließen,
dann tust du alles ohne Müssen.

Zähl nicht dein Elend, gib dich lieber
verlor'n in Jesu Gnade über!
Ein Strohhalm muß im Feu'r verschwinden,
in Jesu eine Welt voll Sünden.

Aus Tersteegens Briefen

Gott muß überall Meister bleiben

... Daß Du durch Anfechtungen geübt worden bist, glaube ich Dir gerne. Ohne Proben und Übungen kommen wir nicht zum Ziel. Zwar kommt manches aus eigener Schuld. Gottes unendliche Güte in Christo aber trägt und hilft uns wieder mit wunderbarer und anbetungswürdiger Langmut. Wir könnten's doch manchmal besser und näher haben, wenn wir fein bei der Herzenseinfalt bleiben und nicht aus guter Meinung zu früh groß und klug sein wollten. Die Absicht ist recht gut: man will gern fortschreiten in seinem Christentum. Und in dieser Absicht forscht, liest, hört man allerhand, welches wir dann nicht alles fassen, miteinander reimen und verdauen können. Ich weiß, was ich in diesem Stück habe

durchmachen müssen. Meine Seele dankt noch bis diese Stunde dem lieben Gott, daß er mich in meinen ersten Jahren vor allerhand Bekanntschaften und Gelegenheiten, so mancherlei zu hören und zu sehen, bewahrt hat.

Darum wundert's mich nicht, daß Dir der Umgang mit Freunden hie und da keine Befestigung gebracht hat ... So hab' ich's auch so gern nicht gesehen, wann Du Dir viel und allerhand Arten geistlicher Bücher ausgesucht hast. Gar nicht, als ob ich etwas wider solche Bücher und Freunde hätte. Nur ist nicht alles, was in sich selber gut ist, darum auch für uns gut. Manche auch teure Wahrheit kann uns verwirren oder aufhalten, wann wir sie vor der Zeit wissen wollen (Joh. 16, 12). Gott muß überall Meister und wir seine Schüler bleiben, die sich fein bei der aufgegebenen Lektion halten ...

Was ist Beten?

... Keine Kunst in der ganzen Welt ist einfältiger und leichter als recht beten; ja, es ist gar keine Kunst. Und wenn wir meinen, wir könnten nicht beten, das ist ein Zeichen, daß wir noch nicht recht verstehen, was Beten ist. Beten ist, den allgegenwärtigen Gott ansehen und sich von ihm besehen lassen. Was ist nun leichter und einfältiger, als die Augen aufzutun und das Licht anzusehen, welches uns von allen Seiten umgibt? Gott ist uns weit mehr gegenwärtig als das Licht. In ihm leben wir, bewegen wir uns und sind wir. Er durchdringt uns, er erfüllt uns, er ist uns näher, als wir uns selber sind. Dieses einfältig zu glauben und sich dessen einfältig, so gut man kann, zu erinnern, das ist Beten. Und wie sollte es auch schwer fallen, sich von einem so gütigen Arzt besehen zu lassen, der schon besser weiß, was uns fehlt, als wir selber wissen!

Wir haben nicht nötig, dieses oder jenes zu bringen, uns so oder anders zu stellen oder allemal viel zu sehen und zu empfinden, wenn wir beten wollen, sondern wir sollen's nur einfältig und kurz sagen, wie wir sind, und wie wir gern sein wollten. Ja, es ist eben nicht allezeit nötig, daß wir's sagen, sondern wir sollen's den allgegenwärtigen, gütigen Gott nur sehen lassen. Aber nicht so obenhin, sondern wir sollen so einige Zeit bei ihm und vor ihm zu bleiben trachten, damit er uns gleichsam recht besehen und heilen möge. Wir müssen ihm nichts andres sagen noch sehen lassen, als was in uns ist, es mag nun sein, was es wolle. Findest du dich nun zerstreut, dunkel, unempfindlich, so sage es Gott einfältig und laß ihn dieses Dein Elend sehen, so hast Du recht gebetet ... Verleugne viel Deinen eignen Willen und Lüste, so wirst Du im Gebet leicht zurechtkommen, welches der Herr in Deiner und meiner Seele durch seine Gnade wirken wolle!

Trost auf dem Sterbebett

Findet Dich dieses Blatt noch in dem zeitlichen Elende, so besuche ich Dich hierdurch zum Abschied auf dem Pilger- und Kreuzwege, um uns ewig vor Gott und in Gott wiederzufinden, welches bald geschehen wird. Setze Deine Hoffnung ganz auf die teure Gnade Gottes in Christo Jesu, der gekommen ist, die Sünder selig zu machen! Suche nichts in Dir selbst, in Jesus ist alles und ewig, was Dich beruhigen und selig machen kann. Alle Deine Sünden und Gebrechen, von Kindheit an bis hierher begangen, sind Dir herzlich leid. Du glaubest, daß Gott um seines lieben Sohnes Jesu willen Dir alle Deine Sünden und Gebrechen überflüssig könne, wolle und werde vergeben und mächtig sei, Dir zu helfen aus allem Deinem Jammer zu seinem ewigen himmlischen Königreich. O du große Gottesgnade in Jesu! O du gründlich beruhigendes Blut meines teuren Erlösers, der um meiner Sünde willen gelitten und gestorben am Stamm des Kreuzes! An dich glaube ich, auf dich leg' ich mich, Jesus! Jesus! In der ewig großen Glut deiner erbarmenden Liebe sind alle meine Sünden wie kleine Stoppeln. In diese deine Jesusliebe will ich mich versenken und verlieren, wie ich bin; du kannst mich erlösen, du Menschenfreund!

Du hast Dich in Deinem Leben öfters Jesu ergeben und anvertraut und hast gewünschet, ganz und ewig für ihn zu sein und ihn allein zu lieben und ihm anzuhangen. Das befestigest Du nun nochmals vor der Tür der Ewigkeit mit einem herzlichen Amen. Ja, Jesu, dein bin ich, dein will ich bleiben im Leben, im Sterben und in der ganzen Ewigkeit! Du hast mich dir zum Eigentum erkaufet. Du hast Recht zu meiner Seele. Dir händige ich sie wieder ein als dein Gut. In deine Hände lege ich auf ewig nieder meinen Geist, du getreuer Gott in Jesu! Bewahre du dieses teure Pfand in deiner Hand! Halte du fest, wie du verheißen hast: „Meine Schafe sind in meiner Hand, und niemand wird sie aus meiner Hand reißen." Habe ich dich, o du liebenswürdigstes Wesen, schlecht geliebet und gedienet auf Erden, so erwarte ich nun von deiner Barmherzigkeit eine Ewigkeit, da ich dich vollkommen lieben, dienen und verehren möge mit allen deinen Heiligen. Jesu, ich beuge mich unter deine Zucht; reinige, bereite und vollende mich! Soll dieses sterbliche Leben hinsinken, so bleibe du mein ewiges Leben und die ganze Herrlichkeit meiner Seele!

So gehe denn hin im Frieden, mein lieber Bruder, und schaue Deinen Heiland! Er stärke, erquicke und helfe Dir durch! Ja, er wird es tun. Er segne Dich aus seinem Heiligtum und begleite Dich durch das Tal des Todes zum Leben, das ewig ist! Amen, Jesus! Amen, Jesus! Jesus, Amen! In diesem Namen grüße und küsse ich Dich nochmals von Herzen und bleibe durch seine Barmherzigkeit nun und ewig

Dein treuverbundener Bruder.

Stellung zu den Religionsparteien

...Ich glaube, daß eigentlich in den Augen Gottes nur zwo Parteien auf Erden seien, nämlich die Kinder der Welt, in welchen die Weltliebe herrschet, und dann die Kinder Gottes, in welche die Liebe Gottes ausgegossen ist durch den Heiligen Geist. Und daß Gott außer diesem auf allen andern Unterschied und Namen gar nicht achtet.

Ich glaube (und wollte Gott, daß mein Glaube in diesem Stück irrig wäre), daß unter allen und jeden Religionsparteien weit die mehresten, sowohl Prediger als Zuhörer, zu der Partei der Welt und des Antichristen gehören, obwohl auch Gott unter allen seine Verborgenen haben wird, die ich alle und jede herzlich liebe. Denn:

Ich glaube und bin darin gewiß, daß sowohl in der Partei der Römisch-Katholischen als unter den Lutheranern, Reformierten, Mennoniten usw. und bei all den besonderen Meinungen und Gebräuchen dieser Parteien die Seelen, nicht weniger als unter den Separatisten, zu dem höchsten Gipfel der Heiligkeit und Vereinigung mit Gott und also auch zu dem Recht der Erstgeburt gelangen können.

Nichtsdestoweniger glaube ich auch, daß, wann einer in seinem Gewissen überzeuget wird, diese oder jene Kirchengebräuche seien wider Gott und ihm an seiner Seelen Heiligung hinderlich, er sodann verpflichtet sei, sich solcher Dinge zu enthalten, weil es ihm also zur Sünde sei; denn was nicht aus dem Glauben gehet, das ist Sünde.

Meine Person und Verhalten anlangend, so hange ich keiner Religionspartei sektiererischer Weise an, habe mich auch von keiner Partei förmlich separiert, bin auch noch nicht Sinnes, solches zu tun. Ich gehe zwar in keiner äußeren Kirche zum Abendmahl, weil ich mich vor diesem, aus Trieb meines Gewissens, enthalten muß und auch bis jetzt noch keine Ursache habe, warum ich mich wieder zu dessen Gebrauch wenden sollte. Sollte ich aber mit Gewißheit erkennen, daß Gott mehr durch mein Abendmahlgehen als durch mein Davonbleiben könnte verherrlichet und ich oder mein Nächster in Wahrheit erbauet werden, so würde ich mir im übrigen wenig Skrupel daraus machen.

Wann ich Gelegenheit habe, einen frommen reformierten, lutherischen usw. Prediger zu hören, so gehe ich in die Kirche; und wann ich Gelegenheit hätte, einen frommen katholischen Prediger zu kennen (wie ich denn deren gekannt habe), so wollte ich wohl mit eben der Freiheit des Gemüts dessen Predigt anhören; es sei denn, daß ich mich dieser Freiheit, anderer Schwacher wegen, nicht bedienen wollte.

Und gleichwie unter allerlei Volk, wer Gott fürchtet und Recht tut, demselben angenehm ist, so ist er auch mir angenehm, er habe sonst dieses oder ein anderes Religionsröcklein an; und so gehe ich wirklich mit allerhand Religionsverwandten um. Ich rede zu ihnen (wann's Gott fügt) öffentlich und sonderlich von der Gnade Gottes in Christo, von der Verleugnung, vom Gebet, von der Liebe zu Gott und lasse ihnen dabei das ganze Gebäude ihrer besonderen Kirchenverfassung und Meinungen unangetastet stehen, solange es Gott stehen läßt.

Mit besonderen Meinungen halte ich mich wenig oder gar nicht auf, auch nicht mit den beliebten und berufenen Meinungen vieler Separatisten: von dem Fall des Antichristen, vom Tausendjährigen Reich, von der Läuterung, von der Wiederbringung und dergleichen. **Mir selbst und aller Kreatur zu sterben, damit ich Gott leben möge in Christo Jesu, das ist mein ganzes Geheimnis des Glaubens.** In andern Dingen bin ich dumm und hoffe, in dem Sinne immer dummer zu werden.

Kurz, **ich bin kein Stürmer des äußeren Babels**, sondern suche nur durch Gottes Gnade, wie Babel in mir und anderen Herzen zerstöret und Gottes Reich aufgerichtet werde, *welches nicht ist Essen und Trinken, sondern Gerechtigkeit, Friede und Freude im Heiligen Geist.*

Dieses eine, mein lieber Freund, bezeuge ich ihm noch zum Beschluß aus aufrichtiger Liebe, und ich weiß, daß ich die Wahrheit sage: daß nämlich sein Eifer wider Babel oder die sogenannten Sektierer nicht aus dem Geist Jesu, sondern meist sein eigenes, aus dem Geist des Verfalls angezündetes Naturfeuer sei, welches ihn zwar genug brennen, aber keinen Pfosten an Babel verbrennen wird; und daß er, nebst mir, nötig habe, durch beständiges Hungern nach der Gnade und Einkehren in die sanfte Liebe Jesu seine herben Naturkräfte besänftigen zu lassen, damit er auch seinen armen Nächsten mit einem gütigeren Aug' ansehen, tragen und umfassen könne. Sonst wird er gewiß, mein lieber Freund, es endlich noch bedauern, daß er seine edle Kraft, Ernst und Zeit nicht auf Nützlicheres angewandt hat. Gott gebe ihm und mir in diesem und allem übrigen Weisheit und Gnade!

Aus der Erweckungsrede „Die Kraft der Liebe Christi"

... O erstaunenswürdiger Brand der Liebe Christi! Du und ich, liebe Seele, waren aus Gottes Freundschaft, Licht, Liebe und Gemeinschaft in das allergrößte Unglück, Elend und Hölle gefallen. Du und ich waren nicht mehr Freunde, sondern Feinde, nicht mehr liebens-, sondern hassenswürdig, zornwürdig; dennoch jammerte Gott in Ewigkeit dieses unser über alle Maßen große Elend. Er ließ es sich sein Bestes kosten, er schenkte uns, zu unserm Heil, seinen Sohn, sein Schoßkind, und in seinem Sohn das Herz seiner Liebe. Das kann weder Engel noch Mensch begreifen noch ergründen; man muß es glauben, man muß es verehren und mit Christo selbst bewundernd sagen: Also hat Gott die Welt, die elende Welt, geliebet.

Christi allertreueste Freundschaftsliebe drang ihn aus dem Himmel. Höret doch diese erfreuliche Wundergeschichte! Es ist keine Fabel, sondern eine gewisse Geschichte. Höret dieses herrliche Evangelium des seligen Gottes, nicht als eine Sache, die ihr ohnedem schon wisset und von Jugend auf in der Bibel und im Katechismus gelernet habt, sondern höret's als eine wichtige, neue Zeitung; höret's doch heute einmal so, als wenn ihr's euer Leben lang noch nicht gehört hättet! Christi allertreueste Freundschaftsliebe, sage ich, hat ihn gedrungen aus dem Himmel, uns zu retten und zu helfen. Und damit er solches tun und wir nicht vor ihm erschrecken möchten, kleidete er sich ein in unsere armselige Menschheit und sündliche Gestalt, er nahm unsere Sündenlast und Schulden als seine eigenen wirklich auf sich. Er hat in die vierunddreißig Jahre für dich und für mich, liebe Seele, gearbeitet, gebetet, gerungen, beim allerfürchterlichsten Anblick und empfindlichsten Gefühl des durch die Sünde erregten göttlichen Zorns gezittert und gezaget, Blut geschwitzet, die göttliche Verlassung und Höllenangst empfunden; mit einem Wort: alles das gelitten und ausgestanden, was du und ich, liebe Seele, ewig, ewig unserer Sünden wegen hätten leiden müssen. Und dieses alles hat er aus einer freiwilligen Freundschaftsliebe getan, damit er uns durch den unschätzbaren Wert seines Blutes wiederaussöhnen und sich zu seinen Freunden erkaufen möge . . .

. . . . Ach, Seelen, ach, unsterbliche Seelen! Sehet, jetzt hören wir noch von der Liebe Christi; wer weiß, wie lange? Jetzt wird sie uns noch verkündet, angepriesen und durch Christum selbst unsern Herzen angeboten. Ja, Christus liebet euch, ihr Sünder alle, ihr größten Sünder, die ihr gestehen müßt, daß ihr bis dahin noch Sklaven der Sünde und des Satans gewesen seid. Ihr dürft nicht verlorengehen, Christus will euch gerne helfen; er bittet euch drum. Ach, gebt euch doch ihm hin!

Kann euch euer Elend und Gefahr, kann euch Gottes Zorn, die Furcht des Todes und des schrecklichen Gerichtstages samt eurem eigenen ewigen Unglück und Verdammnis nicht dringen und bewegen, so lasset es doch die Liebe Christi tun! Lasset euch doch den leidenden Jesum vor Augen malen! Siehe, da liegt er im Blutschweiß und entsetzlicher Seelenangst gleichsam vor euch auf der Erde, flehet und bittet euch! Siehe, da hängt er, in höchster Leibes- und Seelennot am Stamm des Kreuzes, hat seine Arme ausgebreitet, kommende Sünder anzunehmen! Siehe, er zeiget euch seine bluttriefenden Wunden und preiset euch seine Gnade und Liebe an! So gewiß diese Worte zu euch gesprochen werden, so gewiß ist die erbarmende Liebe Christi an euren Herzen geschäftig und dringet euch. Ach, übergebet euch doch! Ach, tut es doch, damit ihr nicht dermaleinst zu spät den ansehen müsset, in welchen ihr mit euren Sünden gestochen habt! Ergreifet die Liebe, weil sie noch da ist!

Ihr aber, die ihr mit mir eines Fünkleins dieser Liebe Christi aus Gnaden teilhaftig worden, achtet es doch hoch, es ist eine unschätzbare Perle! Und wie klein diese Perle ist, so ist sie doch mehr wert als die ganze Welt. Wie klein dieses Fünklein jetzt noch ist, so kann es noch eine feurige Glut, eine Flamme des Herrn werden, wenn es wohl geheget und gewartet wird. Bewahrt es wohl durch einen recht behutsamen Wandel! Gehet einher wie einer, der mit einer kleinen Kerze durch den Wind oder mit einem kostbaren Kleinod durch einen Wald gehet! Überall sind Seelenräuber, die auf unser Kleinod lauern, da sollen wir stets sorgfältig sein und aus dem Liede beten: „Ach, hilf uns wachen Tag und Nacht und diesen Schatz der Liebe bewahren vor den Scharen, die wider uns mit Macht aus Satans Reiche fahren!"

Nun denn, noch ein Wort der Aufmunterung zu uns allen! Höret und nehmet mit mir im Glauben an dieses herrliche Evangelium des seligen Gottes, so uns in dieser Stunde in Schwachheit, doch im Namen des Herrn, verkündet ist! Christus liebt uns und will uns lieben. Er will uns mitteilen die Kraft dieser seiner Liebe in uns und zugleich mit derselben alles Gute in Zeit und Ewigkeit. Christus liebt uns, ihr Herzen alle! Was machen wir doch, was zagen wir noch, was schlafen wir noch!

Christus liebt euch, ihr Jünglinge und ihr Jungfrauen, die ihr in euren blühenden Jahren doch etwas zu lieben haben wollt. Ach, wie würde mich's jammern, wie würde es Jesum jammern, wenn ihr euch durch eine betrügliche, falsche Liebe bezaubern ließet! Wäre es nicht ewig schade, wenn ihr von einer eitlen Liebe dieser Welt solltet verführt, befleckt, geschändet werden? Durch die Liebe solcher Dinge, die nichts Reizendes, nichts wahrhaft Vergnügendes an sich haben, die so bald verwelken, Ekel verursachen und verschwinden wie ein Rauch? Christus liebt euch, wisset ihr's wohl, bedenkt ihr's wohl? Für ihn allein habt ihr eure Herzen empfangen. F ü r i h n a l l e i n i s t e u c h d i e e d l e N e i g u n g z u m L i e b e n s o t i e f i n s H e r z g e p f l a n z t. O wenn ihr's recht wüßtet, was in seiner Liebe zu finden ist, ihr würdet den Augenblick von dieser unvergleichlichen Schönheit angezogen und zur Liebe gereizt werden!

Christus liebt euch, ihr bußfertigen, bekümmerten, kleinmütigen Herzen, und ihr wisset es nicht, ihr glaubet es nicht. Christus liebt euch, es ist die Wahrheit, wollt ihr noch liegenbleiben in eurer Mutlosigkeit? Sollte euch diese fröhliche Botschaft nicht aufspringen machen? Könnt ihr's noch nicht völlig glauben? Wohlan, versucht es einmal, wagt es einmal wie jene Königin, die Esther: Komm' ich um, sprach sie, so komm' ich um! Sie nahte mit Furcht zum König, und wie sie gedachte, sie wäre des Todes, da ward ihr das Gnadenzepter gereicht, und der König umarmte sie. Seelen, kommt nur, ihr werdet's erfahren, daß euer Los nicht schlimmer ausfallen wird!

Christus liebt uns, ihr all meine Mitberufenen! Sollten wir nicht den Schlaf aus den Augen wischen, unsere Herzensaugen emporheben, Christum wieder lieben und recht munter in seinen Wegen wandeln? Was machen sich doch die Leute daraus, wenn sie von einem Könige, Fürsten oder einem andern angesehenen, sterblichen Menschen geliebet werden, mit einer Liebe, die dem Geliebten nichts Wesentliches und Bleibendes mitteilt? Und siehe, Christus, der Sohn Gottes, liebt uns als seine Braut! Sollten wir uns noch mit den nichtigen Lappereien dieser Erde aufhalten? Sollten wir nicht seine Liebe uns dringen lassen, unsere Herzen von allen nichtigen Götzen und Nebenbuhlern völlig abzureißen und sie auf ewig seiner göttlichen Liebe zu widmen? In Christi Herz sehe ich nichts als Liebe zu uns. Ach Schande, daß in unsern Herzen noch was anderes gesehen wird als die Liebe Christi!

Benutzte Literatur

Ausgaben von Tersteegens Werken

Des gottseligen Arbeiters im Weinberge des Herrn: Gerhard Tersteegens gesammelte Schriften. 8 Bände. Stuttgart 1844.

Geistliche und erbauliche Briefe über das inwendige Leben und wahre Wesen des Christentums. 1. Band, 1. und 2. Teil. Solingen 1773.

Geistliche und erbauliche Briefe. 2. Band, 3. und 4. Teil. Speldorf bei Mülheim an der Ruhr 1799.

Auserlesene Lebensbeschreibungen heiliger Seelen. 3 Bände. 3. Auflage. Essen 1784–1786.

Geistliche Brosamen, von des Herrn Tisch gefallen, von guten Freunden aufgelesen und hungrigen Herzen mitgeteilt (Erweckungsreden). 4. Auflage. Mülheim an der Ruhr 1798.

Gottesfürchtige und erbauende Briefe über verschiedene Gegenstände, die das innere Leben oder die fortwährende Ausübung des Christentums betreffen. Aus dem Holländischen übersetzt. Essen 1836.

Gerhard Tersteegens unparteiischer Abriß christlicher Grundwahrheiten. 2. Auflage. Essen 1842.

Gerhard Tersteegens nachgelassene Aufsätze und Abhandlungen. Essen 1842.

Geistliches Blumengärtlein inniger Seelen, nebst Der Frommen Lotterie. Stuttgart o. J.

Weg der Wahrheit, die da ist nach der Gottseligkeit, bestehend aus zwölf bei verschiedenen Gelegenheiten aufgesetzten Stücken und Traktätlein, nebst zwei Zugaben. Stuttgart 1905.

Gerhard Tersteegen. Leben und Auswahl seiner Schriften, von Dr. Gerhard Kerlen, in „Evangelische Volksbibliothek", 4. Band. Stuttgart 1868.

Gerhard Tersteegen. Eine Auswahl aus seinen Schriften, Liedern und Sprüchen, besorgt von Tim Klein. München 1925.

Gerhard Tersteegen: Jesus-Lieder. Ausgewählt von Albert Löschhorn. Basel 1958.

Bücher und Abhandlungen über Tersteegen

Gerhard Kerlen: Gerhard Tersteegen, der fromme Liederdichter und tätige Freund der Inneren Mission. 2. Auflage. Mülheim an der Ruhr 1853.

Max Goebel: Geschichte des christlichen Lebens in der rheinisch-westphälischen evangelischen Kirche. 3. Band, S. 289 ff. Koblenz 1860.

Albrecht Ritschl: Geschichte des Pietismus. 1. Band, S. 455 ff. Bonn 1880.

Wilhelm Nelle: Tersteegens geistliche Lieder. Mit einer Lebensgeschichte des Dichters und seiner Dichtung. Gütersloh 1897.

Fr. Augé: Gerhard Tersteegen als Seelsorger. Neukirchen 1897.

Friedrich Winter: Die Frömmigkeit Gerhard Tersteegens in ihrem Verhältnis zur französisch-quietistischen Mystik. Neuwied 1927.

Walter Nigg: Große Heilige. S. 309 ff. 2. Auflage. Zürich 1947.

Albert Löschhorn: Ich bete an die Macht der Liebe. Gerhard Tersteegens christliche Mystik. Basel 1948.

Albert Löschhorn: Trostbüchlein aus Worten von Gerhard Tersteegen für Kranke, Leidende und Angefochtene. Basel 1952.

Gerhard Tersteegens Geburtshaus in Moers. Zeitgenössische Darstellung.

Fotografie um 1880.

Brunnen Taschenbücher

13011 Erich Schick
Seelsorge an der eigenen Seele

13024 Isselmann/Wunderlich
Der Sieg geht weiter

13026 Ada Lum
Ledig – na und?

13030 Walter Köhler
Intim vor der Ehe?

13057 Adolf Wunderlich
Mit dem Neuen Testament bis nach Sibirien

13067 Isselmann/Wunderlich
Das Licht der Gerechten brennt fröhlich

13068 Johanna Lorch
Opfernd reift die Frucht

13084 Isselmann/Wunderlich
Immer grüne Welle

13087 Sanders/Fraser
Wirksames Gebet

13100 Ernst Schreiner
Die Harfe der Hugenottin

13102 Walter Wanner
Wer bin ich – wer bist du?

13116 Adolf Wunderlich
Von Gott umgeben

13124 Ernst Schreiner
Die Meistergeige

13126 Klaus Bockmühl
Auf dem Weg

13129 Wilhelm Landgrebe
Dietrich Bonhoeffer

13139 Erich Schick
Geistesleitung

13145 Ernst Schreiner
Gesprengte Ketten

13146 Schick/Haag
Christian Friedrich Spittler

13147 Oswald Sanders
Maßstäbe, die herausfordern

13149 Anne Townsend
Überraschungen mit dem Gebet

13150 C.S. Lewis
Pardon, ich bin Christ

13156 Isobel Kuhn
Die mich suchen/ In der Arena

13163 Dieter Theobald
Stets zu Diensten

13164 Garth Lean
John Wesley

13166 Isselmann/Wunderlich
Der Herr macht Programm

13173 Werner Stoy
Du bist krank – ich kann dich verstehen

13174 Andreas Markusson
In der Finsternis wohnen die Adler

13175 Martin Luther
Wie man beten soll

13176 Ulrich Liedholz
Hoffen auf Leben

13178 Maria Stiefl-Cermak
Jemand hat mir zugelächelt

13180 Sheldon Vanauken
Eine harte Gnade

13192 Walter Wanner
Die Zukunft gewinnen – Das Leben meistern

13195 Dieter Weber
Öffne den Himmel über mir

13196 John Pollock
Hudson Taylor – Pionier im verbotenen Land

13203 Gerd Rumler
Klarer Kopf trotz matter Scheibe

13206 Walter Wanner
Signale aus der Tiefe

13207 Dieter Theobald
Alles halb so schlimm

13208 Manfred Siebald
Ist schon alles gesagt?

13209 J.H. Oldham
Ein Mensch wagt zu lieben

13225 Jay Adams
Christsein auch zu Hause

13233 Walter Wanner
Seelische Krisen erkennen, verstehen, bewältigen

13234 Siegfried Kettling
Wie der Mensch zum Menschen wird

13235 Ursula Koch
Sahel heißt Ufer

13236 Willy Kramp
Deine unbesiegbare Kraft

13237 Michael Griffiths
Gottes herrliches Volk

13252 Peter Barall
Wege aus der Angst

13253 John H. Gerstner
Warum läßt Gott das Gute zu?

13254 Willy Kramp
Wir sind Beschenkte

13255 Johanna Lorch
Solange es Tag ist

13256 Robert A. Morey
Was ist dran am Horoskop?

13257 Albrecht Schöll (Hrsg.)
Handbuch Jugendreligionen

13262 Friso Melzer
Anthroposophie – Ausweg oder Irrweg?

13263 Andreas Benda (Hrsg.)
Noch die kleinste Pfütze spiegelt den Himmel

13264 Dieter Theobald
Bedenkliches / Gebete aus dem Kirchenschiff

13265 Noreen Riols
Manchmal wünschte ich mir Flügel

13266 C.S. Lewis
Was man Liebe nennt

13267 Oswald Sanders
Und die Menschen ohne Evangelium?

13281 Daniel Bacon
Beruf mit Zukunft

13282 Urie A. Bender
Ihr werdet meine Zeugen sein

13283 Rolf Bielke
Kennzeichen C

13284 Heinz Böhm
Tödliches Schweigen

13285 Markus Maggi
Sieg trotz Niederlage
(Arb.-Titel)

13286 Robert Vittoz
Jenseits der Wälder

13287 Hanna Ahrens
Schenk mir einen Regenbogen